高速铁路深水基础施工技术

主　编　唐达昆
副主编　王元清　王碧军　陈永亮
　　　　张成平　马元根
参　编　杜　驹　崔福刚　王　刚
　　　　彭阳品

北京理工大学出版社
BEIJING INSTITUTE OF TECHNOLOGY PRESS

内 容 提 要

本书依托郑万高速铁路彭溪河多线特大桥深水基础施工，重点研究基岩裸露的河床下无规律的大幅度水位变化下该桥施工的技术。本书共7章，主要包括概况、三峡库区水位及航道航行安全、水下爆破技术、深水基础在不同条件下的施工方案、三峡库区水上超高栈桥技术、三峡库区钢围堰技术和三峡库区桩基技术。本书力求内容简明扼要，语言通俗易懂，理论性和实用性相结合。

本书可作为高等院校工程造价、工程管理、土木工程及相关专业的教材，也可作为广大造价管理人员、工程咨询人员及自学者的参考书。

版权专有　侵权必究

图书在版编目（CIP）数据

高速铁路深水基础施工技术 / 唐达昆主编.--北京：北京理工大学出版社，2022.11
ISBN 978-7-5763-1222-5

Ⅰ.①高… Ⅱ.①唐… Ⅲ.①高速铁路－铁路桥－桥梁基础－深水基础－桥梁施工 Ⅳ.①U448.13

中国版本图书馆CIP数据核字（2022）第056307号

出版发行 / 北京理工大学出版社有限责任公司
社　　址 / 北京市海淀区中关村南大街5号
邮　　编 / 100081
电　　话 / （010）68914775（总编室）
　　　　　（010）82562903（教材售后服务热线）
　　　　　（010）68944723（其他图书服务热线）
网　　址 / http://www.bitpress.com.cn
经　　销 / 全国各地新华书店
印　　刷 / 北京紫瑞利印刷有限公司
开　　本 / 710毫米×1000毫米　1/16
印　　张 / 12　　　　　　　　　　　　　　　　责任编辑 / 封　雪
字　　数 / 215千字　　　　　　　　　　　　　　文案编辑 / 封　雪
版　　次 / 2022年11月第1版　2022年11月第1次印刷　责任校对 / 刘亚男
定　　价 / 78.00元　　　　　　　　　　　　　　责任印制 / 王美丽

图书出现印装质量问题，请拨打售后服务热线，本社负责调换

前 言 Preface

近些年，随着我国科学技术的不断进步，我国的库区桥梁施工技术得到了迅猛发展，大跨度深水基础桥梁建设技术已跻身世界前列。在高水位差条件下，陡坡裸岩修建桥梁施工并不多见。随着近年来三峡库区完成蓄水，基岩裸露的河床下无规律的大幅度水位变化成为深水基础施工过程中的难题。如何安全、快速地完成此类桥梁深水基础的施工，并形成综合施工技术的研究具有重要意义。

本书依托郑万高速铁路彭溪河多线特大桥深水基础施工，重点研究基岩裸露的河床下无规律的大幅度水位变化下该桥施工的技术。本书共7章，主要包括概况、三峡库区水位及航道航行安全、水下爆破技术、深水基础在不同条件下的施工方案、三峡库区水上超高栈桥技术、三峡库区钢围堰技术和三峡库区桩基技术。

本书从设计理念出发，结合以往成功经验，通过现场工艺试验、数值模拟等手段进行超高栈桥、围堰的设计，并对测点监控的反馈结果与理论值进行对比研究，据此研究有针对性的局部加强及控制方法。实际研究中需根据现场实际情况及施工需要设计出栈桥、钻孔平台、钢围堰的施工图，并制定出安全、经济、可行的水下基础工程施工工艺。

本书由中铁十一局集团郑万铁路彭溪河多线特大桥科研攻关小组牵头编写，参与本书编写的主要单位还有重庆大学、重庆交通大学、中铁十一局集团有限公司、中铁十一局集团第五工程有限公司、中铁大桥局集团有限公司、林同棪国际工程咨询（中国）有限公司。中铁十一局郑万铁路项目为本书的编写提供了大量的素材、试验数据。

由于编者水平有限，加之编写时间仓促，不当之处在所难免，敬请读者不吝赐教，以利改正。

编　者

目 录 Contents

第1章 概况 ··· 1
   1.1 国内深水桥梁发展概况 ··· 1
   1.2 工程概况 ·· 4

第2章 三峡库区水位及航道航行安全 ·· 7
   2.1 三峡库区水位 ·· 7
   2.2 三峡库区航行安全特征 ··· 10
   2.3 三峡库区航道航标设置技术 ··· 11
   2.4 水位变动期航运安全应对措施与对策 ································· 19

第3章 水下爆破技术 ··· 21
   3.1 水下爆破理论 ·· 21
   3.2 水下爆破器材 ·· 24
   3.3 水下爆破设计方法 ·· 26
   3.4 水下爆破技术 ·· 28
   3.5 爆破方案 ·· 33
   3.6 爆破参数设计 ·· 34
   3.7 安全校核 ·· 35

第4章 深水基础在不同条件下的施工方案 ··· 38
   4.1 深水基础围堰类型选型 ··· 38
   4.2 深水基础施工工艺 ·· 44

第5章 三峡库区水上超高栈桥技术 ·· 53
   5.1 钢管桩锚固方法研究 ··· 54
   5.2 水位大幅升降条件下栈桥桩基整体稳定性 ·························· 56

    5.3 栈桥 ………………………………………………… 59
    5.4 不同锚固方式对比 ………………………………… 62
    5.5 栈桥下部结构计算 ………………………………… 65
    5.6 钢栈桥施工 ………………………………………… 70
    5.7 栈桥的使用及安全维护 …………………………… 77

第6章 三峡库区钢围堰技术 …………………………………… 83
    6.1 钢围堰结构设计 …………………………………… 88
    6.2 钢围堰结构计算 …………………………………… 90
    6.3 钢吊箱围堰下沉定位导向系统设计 ……………… 92
    6.4 钢围堰施工及监控 ………………………………… 103
    6.5 施工控制计算分析 ………………………………… 123
    6.6 监测实施 …………………………………………… 132
    6.7 焊接检验 …………………………………………… 135
    6.8 钢围堰BIM技术应用 ……………………………… 141

第7章 三峡库区桩基技术 ……………………………………… 148
    7.1 钻孔桩施工 ………………………………………… 148
    7.2 护筒 ………………………………………………… 151
    7.3 基本概况 …………………………………………… 157
    7.4 施工方案 …………………………………………… 159
    7.5 爆破后桩基成孔的关键问题及控制 ……………… 166
    7.6 深水位大直径桩基成孔技术 ……………………… 175

参考文献 …………………………………………………………… 185

第1章 概况

1.1 国内深水桥梁发展概况

我国深水桥梁大多数分布在长江中、下游及其支流和沿海海峡等流域。国内的深水桥梁的基础设计形式多为桩基础，沉井基础已很少采用。根据桩基础形式，按照施工方法可分为钻孔桩基础和打入桩基础两种；桩基础按承台的位置，又可分为低桩承台桩基础和高桩承台桩基础。

进入20世纪90年代，由于长江经济带和沿海经济的发展，我国跨长江、海峡的大型桥梁建设逐渐增多，特别是由于长江中、下游的水文、地质特点，其桥梁的建设基本代表了我国的桥梁建设的最新水平和发展趋势。表1-1和表1-2为近二十几年来长江中、下游部分桥梁建设及深水基础施工概况。

表1-1 长江中、下游部分桥梁建设及深水基础施工概况

桥名	竣工年份	结构形式及跨径	基础形式	基础施工方案
重庆长江二桥	1997	169+444+169 m 双塔双索面 PC 梁斜拉桥	低桩承台钻孔桩 $\phi 280$ cm	钢套箱围堰
犍为岷江大桥	1991	118+240+118 m 双塔双索面 PC 梁斜拉桥	低桩承台钻孔桩 $\phi 250$ cm	钢套箱围堰
云南中旬县伏龙桥	1992	主跨 110 m 混凝土拱桥	低桩承台钻孔桩 $\phi 250$ cm	钢套箱围堰
九江长江大桥	1993	主跨 216 m 连续钢桁梁桥	低桩承台钻孔桩 $\phi 280$ cm	钢套箱围堰

续表

桥名	竣工年份	结构形式及跨径	基础形式	基础施工方案
江苏扬中桥	1994	主跨100 m预应力混凝土T形刚构	低桩承台钻孔桩 $\phi200$ cm	钢套箱围堰
黄石长江公路大桥	1995	162.5＋3×245＋162.5 m连续刚构	低桩承台钻孔桩 $\phi300$ cm	外径28 m、内径25 m双壁钢套箱
铜陵长江大桥	1995	主跨432 m斜拉桥	低桩承台钻孔桩 $\phi280$ cm、$\phi400$ cm、$\phi460$ cm	外径31 m、内径28 m双壁钢围堰钻孔平台及承台施工
武汉长江二桥	1995	180＋400＋180 m斜拉桥	低桩承台钻孔桩 $\phi250$ cm、$\phi200$ cm	双壁钢围堰钻孔平台及承台施工
丰都长江大桥	1996	主跨490 m双铰钢桁梁悬索桥	低桩承台钻孔桩 $\phi280$ cm	钢套箱围堰
湖北西陵长江大桥	1996	主跨500 m悬索桥	低桩承台钻孔桩 $\phi250$ cm	钢套箱围堰
万县长江大桥	1997	主跨420 m钢筋混凝土拱桥	低桩承台钻孔桩 $\phi250$ cm	钢套箱围堰
涪陵长江大桥	1997	149＋330＋149 m双塔双索面PC梁斜拉桥	低桩承台钻孔桩 $\phi280$ cm	钢套箱围堰
江津长江大桥	1998	主跨240 m连续刚构	低桩承台钻孔桩 $\phi280$ cm	钢套箱围堰
江阴长江公路大桥	1999	369＋1 385＋369 m悬索桥	低桩承台钻孔桩 $\phi300$ cm	双壁钢围堰钻孔平台及承台施工
南京长江二桥	2000	628 m斜拉桥	低桩承台钻孔桩 $\phi300$ cm	双壁钢围堰钻孔平台及承台施工
芜湖长江大桥	2000	180＋312＋180 m双塔双索面钢桁梁斜拉桥	低桩承台钻孔桩 $\phi300$ cm	钢套箱围堰

续表

桥名	竣工年份	结构形式及跨径	基础形式	基础施工方案
泸州长江二桥	在建	145+252+49.5 m 连续刚构	低桩承台钻孔桩 $\phi 250$ cm	钢套箱围堰
杭州钱塘江下沙大桥	在建	127+3×232+127 m 连续刚构	低桩承台钻孔桩 $\phi 280$ cm	钢套箱围堰
湖北荆州长江公路大桥	在建	200+500+200 m 双塔双索面 PC 梁斜拉桥	低桩承台钻孔桩 $\phi 250$ cm	钢套箱围堰
湖北鄂黄长江公路大桥	在建	55+200+480+200 m 双塔双索面 PC 梁斜拉桥	低桩承台钻孔桩 $\phi 300$ cm	钢套箱围堰
湖北军山长江公路大桥	在建	48+204+460+204+48 m 双塔双索面钢箱梁斜拉桥	低桩承台钻孔桩 $\phi 250$ cm	钢套箱围堰
新长铁路长江轮渡靖江岸栈桥	在建	5×48 m 简支钢桁梁	低桩承台打入桩 $\phi 55$ cm	钢套箱围堰、钢板桩围堰承台施工、专业打桩船、拼装式打桩船

表 1-2 跨海部分桥梁建设及深水基础施工概况

桥名	竣工年份	结构形式及跨径	基础形式	基础施工方案
汕头海湾大桥	1996	154+452+154 m 混凝土箱梁悬索桥	高桩承台钻孔桩 $\phi 250$ cm	钢吊箱围堰承台施工、固定支架平台钻孔
朱家尖海峡大桥	1997	80+128+80 m 连续梁桥	高桩承台钻孔桩 $\phi 250$ cm	钢吊箱围堰承台施工、固定支架平台钻孔
南澳跨海大桥	1998	130+205+130 m 连续刚构	钻孔桩 $\phi 250$ cm	钢套箱围堰

续表

桥名	竣工年份	结构形式及跨径	基础形式	基础施工方案
珠海淇澳大桥	1999	40.5+136+320+136+40.5 m 斜拉桥	钻孔桩 ϕ250 cm	钢套箱围堰
岑港大桥	在建	50+50+50 m 简支梁	高桩承台 ϕ120 cm 预应力管桩	钢吊箱围堰
响礁门大桥	在建	80+150+80 m 连续梁	高桩承台钻孔桩 ϕ250 cm	钢吊箱围堰承台施工、固定支架平台钻孔
桃夭门大桥	在建	2×48+50+580+50+2×48 m 斜拉桥	低桩承台钻孔桩 ϕ220 cm	钢吊箱围堰承台施工、固定支架平台钻孔

从以上表中可以看出，深水桥梁的发展趋势是：由于通航要求、梁部技术及桩工机械的进步，为减少深水基础施工的工程量和满足通航要求而设计的大跨度深水桥梁得以不断发展。

自 20 世纪 90 年代以来，随着桩工机械的不断研制，钻孔桩已朝着大直径、多样化、变截面、空心桩方向发展。目前，钻孔灌注桩的最大直径已达 500 cm。伴随着桩基础的应用，为通航需要和抗冲刷而设计的低桩承台正得到普遍应用。

1.2　工程概况

1.2.1　工程简介

彭溪河多线特大桥位于重庆市云阳县黄石镇（图 1-1），起止里程 DK783+247.95～DK783+989.55，长度为 741.6 m，共 14 跨，结构形式为 2×24+2×32+(4×32)四线变二线道岔梁(半幅)+1×24+(96+200+96)连续钢构-拱组合+2×32 m。该桥桥位与小江河道（上游河段称为彭溪河）基本正交，上距沪蓉高速彭溪河大桥 3.0 km，下距双江大桥 7.6 km，距小江汇入长江河口 11.6 km（小江为长江一级支流）。

图 1-1　彭溪河多线特大桥总体布置图

第 10 跨至第 12 跨为（96＋200＋96）连续钢构-拱组合结构，桥址处在低水位时，河段宽约为 230 m；处在高水位时，河段宽约为 340 m，处在三峡三期蓄水库区范围，且有Ⅲ级通航要求，通航水位最高为 173.33 m（85 高程，下同），最低为 143.33 m。每年 10 月至次年 2 月三峡蓄水出现最高水位 173.33 m，5 月月底出现最低水位 143.33 m，每年 5 月下旬至 9 月中旬为汛期。

10 号、11 号主墩位于彭溪河水域范围，结构为高桩承台，共设 36 根直径为 2.5 m 的钻孔灌注桩（钢护筒外径为 ϕ2.8 m，壁厚为 18 mm），C35 水下混凝土浇筑，呈梅花形布置，顺桥向布设 4 排，长为 39.5～55 m，桩基按端承设计。基础地质主要为中、弱风化泥岩夹砂岩，墩柱为双肢薄壁墩。河床横断面基本呈"U"形，10 号、11 号桥墩基础位于"U"形河床中心线两侧靠岸边范围，岸坡地形陡峭基本无覆盖层。承台呈圆端形，采用 C35 混凝土，底标高为 134.603 m，厚度为 5 m，平面外轮廓尺寸为 27.2 m×18.2 m（横桥向×顺桥向），圆端半径为 12.35 m。采用双壁钢吊箱围堰方式施工承台，墩位处施工水域标高为 134.603～174.46 m（其中，墩台处河床最低原地表高程约为 120.280 m）。

1.2.2　工程特点

（1）栈桥基础难度大。河床基岩裸露、河床陡峭及超高水位等不利施工环境，给钢管桩平面定位、垂直度控制和桩底锚固带来极大挑战。

(2)结构设计及施工复杂。钢吊箱作为承台施工挡水结构,设计复杂、加工难度大。钢吊箱板材的焊接焊缝质量等级较高,因此,在焊接过程中防变形措施显得尤为重要,焊接后的变形校正工作量较大。钢构件加工数量较多,周期比较长,保存、运输等难度较大。

(3)封底风险高。封底混凝土设计厚度为3.5 m,一次性浇筑方量约为1 200 m^3,一次性水下封底方量大,浇筑时间长,并且在高水位期进行水下封底,安全风险高,因此须严格控制施工质量。对混凝土质量、浇筑工艺和现场组织安排均要严格控制。

第2章 三峡库区水位及航道航行安全

2.1 三峡库区水位

长江三峡工程分三期建设,三峡库区水位的变化可划分为四个阶段。

第一阶段:1997年11月,长江首次截流,长江水位提高了10 m,江水沿修建在中堡岛的导流明渠下泄,三峡景观基本不受影响。

第二阶段:2002年年底—2003年6月,在导流明渠截流后,大坝将逐步蓄水,长江三峡水位将由目前的66 m提高到135 m,尾水至长江万州区境内,张飞庙被淹没,长江三峡内影响航行的暗礁、险滩大大减少,水面变得平缓。

第三阶段:2006年9月,大坝蓄水提高到150 m,水面及长江三峡景点变化不大。

第四阶段:2009年,工程全面完工,其蓄水水位最终达到175 m,坝前水位将提高近110 m,每年将有近30 m的升降变化。

长江三峡库区水文观测站2010—2017年度观测记录数据各水位持续时间分析统计表见表2-1。

表2-1 长江三峡库区水文观测站2010—2017年度观测记录数据各水位持续时间分析统计表

年份	天数/d	水位158 m以下的天数/d	水位160 m以下的天数/d	水位162 m以下的天数/d	水位164 m以下的天数/d	水位166 m以下的天数/d	水位168 m以下的天数/d	水位170 m以下的天数/d	水位172 m以下的天数/d	水位175 m以下的天数/d	最高水位/m	最低水位/m
2010	366	165	192	211	235	248	269	285	288	366	175.0	145.1
2011	366	143	152	165	181	199	223	244	260	365	175.4	146.6
2012	342	70	78	102	155	178	212	230	245	342	175.1	147.33
2013	242	105	119	132	134	139	153	163	170	242	175	145.61
2014	157	37	40	68	98	125	125	128	150	157	174.8	147.8
2015	282	122	129	137	146	178	212	233	282	282	171.4	147.6

续表

年份	天数/d	水位158 m以下的天数/d	水位160 m以下的天数/d	水位162 m以下的天数/d	水位164 m以下的天数/d	水位166 m以下的天数/d	水位168 m以下的天数/d	水位170 m以下的天数/d	水位172 m以下的天数/d	水位175 m以下的天数/d	最高水位/m	最低水位/m
2016	—	—	—	—	—	—	—	—	—	—	—	—
2017	131	5	23	42	57	83	106	128	131	131	170.1	157.7
说明:每年10月至次年2月三峡蓄水出现最高水位,一般在173~174.33 m,5月月底出现最低水位143.33 m;5月下旬至9月中旬为汛期。													

三峡水库经历了135 m、156 m、175 m三次蓄水,每一次蓄水都使三峡库区的通航环境得到改善。随着蓄水与消落的动态进行,局部河段出现一些变化:一是沿岸礁石淹没与露出交替,明礁与暗礁互相转化,部分河段裁弯取直,原已航行习惯的两岸参照物呈变化之势,局部水域形成新的河弯,河岸岸形变化极大;二是随着蓄水和消落,河岸泥沙被侵蚀和冲刷,露出岩石基岸,可供船舶抵岸停泊或抢滩地点减少;三是成库后流速缓慢,呈静态平湖,水体净化能力变差,白色污染物、油污难以清除,尤其在水位抬升期,水面上的漂浮物明显增多,受风向、流速等影响,会由原来的回水区域向局部聚集,扩散变为带状漂浮物,特别是半沉半浮的悬浮物,对船舶安全航行构成危险;四是水位抬升后,桥梁、过江架空电缆垂直净空变小,影响航道通航尺度。

长江三峡库水文观测站2010—2017年度观测记录数据水位分析统计表见表2-2。

表2-2 长江三峡库水文观测站2010—2017年度观测记录数据水位分析统计表

年份	已有数据天数/d	水位高于157.5 m的天数/d	水位低于157.5 m的天数/d	水位最早低于157 m的时间	最高水位/m	平均水位/m	最低水位/m
2010	366	208	158	3月21日	175.05	160.79	145.14
2011	366	227	139	5月5日	175.47	162.7	146.6
2012	342	272	70	5月20日	175.13	164.82	147.33
2013	242	141	101	5月20日	175	162	145.61
2014	157	121	36	5月13日	174.83	157	147.82
2015	282	161	121	5月11日	171.47	160.31	147.01
2016	0	0	0		0	0	0
2017	131	131			170.14		

第2章 三峡库区水位及航道航行安全

经过理论高程计算及实际蓄水观察,三峡水库水位处于145 m时,回水至重庆丰都,水位处于175 m时,库区回水至重庆港。当水位回落时,重庆丰都以下依然是库区航段,丰都以上水域却由水库河段向自然河段转变,航道条件依然较差。也就是说,三峡库区呈现出库区航段、回水变动段、自然河段并存并相互转换的特点。当水位大幅下降后,通航环境日渐变化,回水变动区及以上河段水位退幅明显,山区河流航道狭窄、滩多流急、水流紊乱的基本特征逐一恢复。

表2-3为重庆市长江各断面、各频率水位表(瞬时值吴淞高程)。

表2-3 重庆市长江各断面、各频率水位表(瞬时值吴淞高程)

断面 \ 频率/% 水位/m	1	2	6	10	20
鱼嘴	189.6	187.9	186.7	183.8	181.5
广阳坝	190.0	188.6	186.3	184.4	182.1
峡口	192.0	190.4	188.2	186.2	183.8
唐家沱	192.6	190.9	188.7	186.7	184.2
寸滩	193.1	191.6	189.2	187.3	184.8
重庆(海关)	194.3	192.5	190.2	188.3	185.9
菜元坝	194.9	193.3	191.0	189.2	186.7
李家沱	196.1	194.5	192.3	190.6	188.3
大渡口	196.8	195.2	193.3	191.3	189.1
茄子溪	197.2	195.6	193.4	191.7	189.6
鱼洞	197.9	196.3	194.2	192.4	190.3
珞璜	200.0	198.4	196.2	194.4	192.3
北碚	209.6	207.8	205.0	202.6	199.3

注:1. 上述水位为吴淞高程,应换成黄海高程。
　　黄海高程=吴淞高程-1.67(m)
2. 各水位频率1%、2%、5%、10%、20%相对应为百年一遇、五十年一遇、二十年一遇、十年一遇和五年一遇。

本项目桥梁在三峡三期蓄水库区范围，水位最高为175.47 m，最低为143.33 m，如图2-1所示。

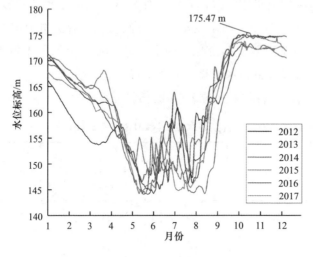

图2-1　2010—2017年桥位处水位变化　　　　　图2-1 彩图

2.2　三峡库区航行安全特征

水位变动期船舶安全航行三峡库区的难点有以下三个方面：

（1）水位变幅大，船舶不易适应。三峡水库水位上涨或消落时，水位变幅近30 m，水沫线、岸形持续变动，船员原先熟悉的两岸参照物也随之发生变化，当船员对各水位的航行条件不熟，或者对特别岸形、礁石疏于注意时，极易造成船舶搁浅、触礁及触岸险情。2008年6月25日15：20，"江南23号"货船在黑石子（长江上游里程约132 km处）发生搁浅。2008年7月31日，"鄂荆州货渝运588"载煤880 t，在打卦石水域（长江上游里程约130.5 km处）触礁，船艏右尖舱破损进水。两起险情的主要原因是当班驾驶员未充分考虑水位回落通航环境的变化，对水域航道不熟悉，以及船舶岸距过近。

（2）航标设置不可能与水位随时同步，船舶瞭望存在困难。回水变动期，受三峡调度部门控制，水位每天上涨或下落，航标设置以水位为依据，滞后于涨（落）到某一水位时间，船舶需要根据涨落情况留足安全距离。另外，蓄水后，大坝至重庆木洞航道的塔标受水位落差极大的影响和船舶顶棚甲板的遮蔽，使船舶航行尤其夜航的瞭望存在一定的难度。

(3)汊河船舶航行难,河口避让难。部分原本通航的支汊河流随着水位变化,航宽和水深相应变化,加上大多支汊河流航道等级未进行论证,且未设置航标及安全标志,船舶进入该水域易发生触礁、搁浅事故。另外,由于蓄水滋生了一些"五小"船舶,"五小"船舶原本在支汊河流中作业,但随着水位的变化,被迫进入干线作业。这类船舶适航性能和抗风浪能力差,冒险航行现象时有发生。当这些船舶频繁进出支汊河口,与顺干流航行船舶的航路交叉,则会给航行船舶避让造成困难,易发生浪损、碰撞事故。

如巴东县小溪河(干线支流),修建有大型的煤炭出口码头,设计年吞吐量近1 000 000 t。因为航宽受限,船舶进出操纵难度大,故海事部门加强了宣传和管理,实行船舶进入小溪河报告和限航制。

2.3 三峡库区航道航标设置技术

2.3.1 施工通航安全保障技术研究

1. 通航航标设计研究

航标是最重要的助航设施之一,被誉为船舶航行的"眼睛",要保障通航安全,首先必须保证航标助航效能的正常发挥。

通常情况下,川江航道弯曲狭窄,水深不大,流速较急,为满足助航及维护工作需要,水上的航标(浮标)设置普遍采用6.7 m标志船及配套设施。三峡库区蓄水后,一方面,原有浮标配置已不能适应航道水流条件的变化,出现了如航道水深抬高后浮标锚缆增长、自重增大,河面宽度增加、流速减缓后浮标受到风浪作用增强,标志易漂移走位等问题,难以保证助航效能的发挥;另一方面,因为上游航运的发展,船舶大型化、标准化趋势明显,还因原设置的浮标尺寸较小,助航效果不明显,给船舶航行带来重大的安全隐患。故而,对库区航标标志大型化、灯光明亮化的助航需求日益强烈。为此,针对三峡库区蓄水后形成的深水航道特点,优选出合理的浮标浮具型号及系留设施配置,这对于保证船舶航行安全有重要的作用。

2. 库区航标配布原则及现状

目前,三峡库区干线航道维护类别及航标配布类别均为一类。其辖区航标配布主要有两种：一种是位于涪陵李渡（长江上游航道里程为548 km）以下已实施了航路改革的河段，该河段主要是按照船舶定线制各自靠右航行要求，全年在航道两侧锁链式配布航标，其配布原则：在河段两侧按一标接一标的方式连续配布航标，确保白天可以从第一个坐标看到第二个坐标，晚上可以从第二盏灯看到第一盏灯，并保证相邻标志所标示的航道界限内有规定地维护水深。另一种是位于李渡以上未实施航路改革的河段，该河段主要是根据上行船舶航线配布航标，其配布原则：当航道宽度等于或小于两倍标准航宽时，两侧连续配布航标，标示航道方向和界限；当航道宽度大于两倍标准航宽时，仅在上行船舶航线一侧连续配布航标，标示航道方向和界限，另一侧根据航道条件和船舶驾引操作特点，适当配布航标。

据统计，目前三峡库区长江重庆航道局辖区内共配布设置有航标 1 600 余座。其中，岸标 400 余座，浮标 200 余座，浮标数量约占配标总数的 75%。浮标组成包括标体、浮具（标志船）及系留设施。其中，浮具作为浮标标体的承载物主要采用的有 10 m 钢质标志船和 6.7 m 钢质标志船两种，系留设施通常为钢缆和锚石。

2.3.2　航标设计研究

1. 深水浮标运行状态分析

库区浮标在正常运行状态下主要受自身重力、上浮力、水流荷载、风荷载、波浪荷载及系缆力的综合作用，力平衡状态较复杂。为清楚阐述浮标受力关系，可将浮标所受风荷载、水流荷载和波浪荷载合并为一水平外力 R，竖向除受自重 G 和向上浮力 F 外，还受锚缆的拉力 T_f 作用。锚石除受自重和浮力外，还受河床摩擦力（即抓地力）f 和锚缆拉力 T_m 作用。锚缆由于采用钢丝绳，其受力除有 T_f 和 T_m 的反作用力外，还有其自身自重和所受浮力。考虑其在水下的单位长度重力为 ω。

浮标及其系留设施力平衡系统示意如图 2-2 所示。

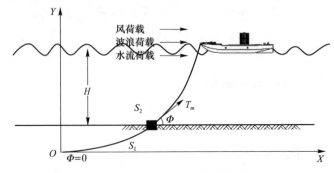

图 2-2　浮标及其系留设施力平衡系统示意

图 2-2 中，H 为实际设标水深，θ 为钢缆在锚石处与水平向的夹角，坐标原点 O 处为假设的锚缆悬链曲线的反向延长线与 x 轴的交点。在该点处锚缆趋于水平，θ 值等于零。S_1 为锚石至原点 O 的锚缆长度，S_2 为浮标至原点 O 的锚缆长度，设标钢缆的实际长度 $S=S_2-S_1$。

根据 H. O. 贝托和岩井聪对浮标受力的平衡分析，得出以下计算公式：

$$x=\frac{R}{\omega}\ln\left(\frac{\omega s}{R}+\sqrt{\left(\frac{\omega s}{R}\right)^2+1}\right)$$

$$y=\frac{R}{\omega}\left(\sqrt{\left(\frac{\omega s}{R}\right)^2}-1\right)$$

$$S_1=\frac{\omega}{R}\tan\theta$$

$$S_2=\sqrt{H\left(H+\frac{2R}{\omega}\right)}$$

$$S=S_2-S_1=\sqrt{H\left(H+\frac{2R}{\omega}\right)}-\frac{\omega}{R}\tan\theta \tag{2-1}$$

$$T_f=\sqrt{R^2+(\omega S_2)^2} \tag{2-2}$$

$$T_m=\sqrt{R^2+(\omega S_1)^2}=\frac{R}{\cos\theta} \tag{2-3}$$

根据设标实际情况，当 $\theta=0°$ 时为锚石抓地力最大的临界状态，此时锚缆对锚的拉力 $T_m=f=R$，锚缆长度 $S=S_2$。如锚缆再增长将平卧于河床上。当 $\theta>0°$ 时，设标锚缆长度缩短，T_m 值增大，锚石抓地力（与河床的摩擦力）减弱，容易导致走锚现象。

如图 2-3 所示的浮具受力分析图，标志船在 T_f、F、G 和 R 四力作用下处于平衡状态，在 T_f 和 R 一定的情况下，所受浮力的富余值（$F-G$）越大，浮具越稳定。

2. 深水浮标浮具选型

目前，三峡库区浮标所使用的浮具有 6.7 m 钢质标志船和 10 m 钢质标志船（分为 A 型、B 型）。其中，库区 B 型 10 m 标志船是在原长江上游 10 m 标志船 A 型基础上通过结构优化和线性改进而成的。其船型主尺度及技术参数见表 2-4。

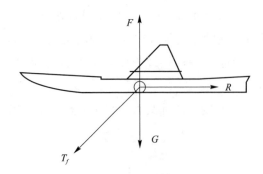

图 2-3　浮具受力分析图

表 2-4　标志船主尺度及技术参数

标志船	总长 L/m	型宽 B/m	型深 D/m	吃水深度 T/m	排水量/t	总质量/t
6.7 m 标志船	6.70	1.60	0.60	0.20	1.50	0.90
10 m 标志船（A 型）	10.00	2.40	0.80	0.26	4.37	2.55
10 m 标志船（B 型）	10.00	2.64	1.00	0.30	5.54	3.09

由表 2-4 可知，库区 B 型 10 m 标志船排水量最大，浮力富余值（排水量－总质量）更多。由于在其底板和侧板均采用了较厚的 5 mm 船用钢板，降低了重心，提高了整体稳定性，并相应减小长度型深比（L/D）和型宽吃水比（B/T），增大型深吃水比（D/T），使船舶耐波性和抗沉性能变好，更适合库区蓄水后河宽水深的工况条件。

另外，根据国家标准《内河助航标志》(GB 5863—1993)及《内河助航标志的主要外形尺寸》(GB 5864—1993)的规定，浮标标体采用较大的外观尺寸（锥形 1.8 m×1.5 m、罐形 D1.2 m×1.5 m），能更好地与库区 10 m 标志船尺寸相匹配，且满足蓄水后航标的视距要求和助航效能。若采用型宽尺度更大的 B 型 10 m 标志船作为浮具，还能为标体安装及维护提供更大的空间，有利于人员的安全操作。

3. 库区深水浮标系留设施选配

（1）锚缆长度确定及选型。根据浮标运行状态的受力分析，设标锚缆长度 S 不仅与设标水深 H 有关，还与浮标所受水平力 R、钢缆单位长度水下质量 ω 及钢缆在锚石处与水平向的夹角 θ 有关。

为在浮标设置时更便捷地预估和确定设标钢缆长度，需要找出一定条件下设标锚缆长度与设标水深的相似关系。现以三峡库区某大桥桥区浮标为例，设标水

深 $H=80$ m，浮标浮具所受总水平力 $R=2\,500$ N，锚缆采用库区现使用的直径 $d=9.8$ mm 的钢丝绳，水下单位长度质量 $\omega=7.54$ N/m，计算不同夹角 θ 值情况下设标钢缆的长度值。

由计算可知，当钢缆在锚石处与水平向的夹角在 $0°\sim30°$ 发生变化时，浮标所需的设标钢缆长度为 $1.64\sim3.05$ 倍水深范围。结合现有库区航道航标设置和维护经验，库区航标工人在确定设标钢缆长度时，一般按 $2\sim2.5$ 倍设标水深取值。若河段内出现的风浪作用相对较小时，适当缩短钢缆长度；若河段内有较强的风浪作用时，其钢缆长度适当增加，因此，目前的库区设标钢缆长度取值是较为合理的。

目前，三峡库区乃至整个上游航道浮标系留设施均采用钢丝绳作为锚缆，一方面，其单位长度质量较锚链轻，其防挂杂草及水上漂浮物的性能较锚链好；另一方面，较长钢缆在起锚收缆时容易打结缠绕，不易理顺，再次抛锚时钢缆容易弹跳缠挂机艇，甚至可能将人带入江中。钢丝绳按基本结构形式划分，主要分为单股绳和多股绳两种。根据长江上游多年航道维护经验，结合库区深水浮标设置的特点，现运用于浮标系留设施上的钢丝绳普遍采用 1×37 单股镀锌钢丝绳。该钢丝绳为三层捻制，各层捻制方向相反，具有较好的抗旋转性能，在一定程度上能防止扭结打转。同时，该结构钢丝绳捻制的钢丝根数较多，单根钢丝直径相对较小，其弯曲性能和柔软度较用粗钢丝捻制的相同绳径钢丝绳要好，能较好地满足浮标移设过程中缆绳在航标艇甲板上收盘缆的需要。此处，其最小破断拉力为 73.9 kN，但远大于浮标钢缆的计算拉力。

根据上述深水浮标锚缆受力计算，结合钢缆收放操作的难易程度及维护经验，选用直径为 9.8 mm 的 1×37 单股镀锌钢丝绳作为库区深水浮标 10 m 标志船的锚缆规格是合理的。

(2)锚石选型。通过计算与分析，浮标运行的整体稳定性主要依靠锚石与河床的摩擦力 f（即抓地力）。根据公式 $f=\mu\times N$，锚石抓地力与锚石所受浮重、锚石与河床的摩擦系数成正比。因此，深水设标锚石选型除要有足够的锚石质量外，还要考虑锚石形状、与河床接触面大小等与摩擦系数相关的因素。

由于不同标位处河床底质的不同，且水流速度有差异，根据现有库区浮标维护经验，单个 10 m 浮标选用 $0.8\sim1.2$ t 质量的锚石基本能满足锚固要求，不容易发生走锚现象。

在以往的设标工作中，大部分锚石直接采用的是岸边的天然石块，形状系数较差，不好捆绑拴系，且容易选到软岩。目前，长江重庆航道局通过试用，选用了一种组合式混凝土锚石,如图 2-4 所示。该锚石结构由 2~3 块扁平的钢筋混凝土块体组合而成,单块质量约为 400 kg,根据设标实际情况组合选用。锚石块体上设置有导缆槽和导缆孔,便于缆绳的拴系;同时,由于锚石块体采用了扁平的形状,增大了与河床的接触面,从而有利于锚石抓地力的增强。

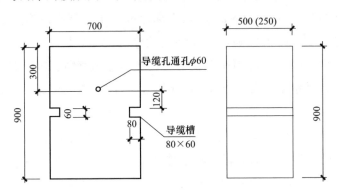

图 2-4 组合式锚石单体结构图

2.3.3 彭溪河多线大桥航标配布设计

1. 航标配布原则

(1)工程区域航标调整配布应充分利用自然条件,根据桥区及上、下游各水位期航道条件和船舶航行特点,准确标示出安全、经济、便于船舶航行的航道,确保船舶航行安全和大桥桥墩结构的安全。

(2)工程河段桥区水上航标配布调整应做到与上、下游河段的航标平顺衔接。

(3)航行标志种类、形状、颜色、配布的位置应符合《内河助航标志》(GB 5863—1993)及《内河助航标志的主要外形尺寸》(GB 5864—1993)的相关规定,并便于航道维护管理部门维护。

2. 航标配布技术标准

桥区河段航道等级:Ⅲ级航道,通航保证率为98%。

桥区航标维护类别:内河一类航标配布。桥区水上航标和桥涵标、桥柱灯全年均发光。一旦失常会立即恢复,确保水上航标和桥涵标、桥柱灯随时处于正常状态。

桥区航道维护最小尺度为 3.0 m×60 m×480 m(水深×航宽×弯曲半径)。

3. 桥区水上航标配布

(1)设置位置。拟建大桥设计最高通航水位为 174.46 m，最低通航水位为 143.87 m，水位变动幅度为 30.59 m。在确保大桥桥墩安全和船舶安全通过桥区水域前提下，桥区水上航标要根据桥区水位变化及通航桥孔的净宽变化进行适时调整。

大桥建成后，拟在桥区河段调整配布两对水上侧面航标具体配布如下(表2-5)：

第一对侧面浮标设在桥轴线下游(右1号和左1号浮标)约100 m处，标示航道侧面界限。

第二对侧面浮标设在桥轴线上游(右2号和左2号浮标)约100 m处，标示航道侧面界限。

表 2-5　新建郑州至万州铁路彭溪河多线特大桥桥区侧面浮标配布表

序号	标名	岸别	标志类别	距桥轴线	灯质
1	大桥左1号	左岸	10 m锥形浮标	桥下约100 m	绿色定光灯
2	大桥左2号	左岸	10 m锥形浮标	桥上约100 m	绿色定光灯
3	大桥右1号	右岸	10 m罐形浮标	桥下约100 m	红色定光灯
4	大桥右2号	右岸	10 m罐形浮标	桥上约100 m	红色定光灯

(2)设置数量。根据《航道养护技术规范》(JTS/T 320—2021)的规定，为了充分保证大桥和船舶航行安全，桥区航标被列为航道维护重点标，其浮具备品的建设数量按配布数量的100%建设，灯器和电源备品按50%建设。大桥桥区航标共需建设10 m钢质浮标8座。其中，使用4座，备品4座；航标灯6盏，其中，红色环照定光航标灯3盏(使用2盏、备品1盏)，绿色环照定光航标灯3盏(使用2盏、备品1盏)。

根据中华人民共和国国家标准《内河助航标志》(GB 5863—1993)的相关规定，在通航孔的桥梁和桥墩上分别布设桥涵标(灯)和桥柱灯，以提示船舶安全过桥。

在设计通航孔(10号、11号桥墩)中轴线桥梁上、下游面设置红色正方形桥涵标(2.0 m×2.0 m)2座，桥涵灯2盏，选用DHB300G型红色定光桥涵灯。本工程共需建设桥涵灯3盏，其中正常使用2盏，备品1盏。

桥柱灯安装在通航孔两侧的桥墩上，在夜间标示桥墩位置，保障大桥安全和引导船舶安全航行。

按照规定，通航孔两侧的桥墩靠通航孔一侧、上下游侧分别安装4盏桥柱灯，桥柱灯垂直安装，等间距为2 m。桥柱灯最低一盏安装在黄海高程187 m处，最高一盏安装高程为193 m。桥柱灯选用DHB200A型绿色定光，本工程共需建设桥柱灯24盏，其中正常使用16盏，备品8盏。

4. 航标结构与尺寸设计

(1) 桥涵标结构与尺寸。桥涵标由标牌和灯架两部分组成，采用升降结构满足日常维护工作需要，桥涵标标牌设计外形尺寸为2.0 m×2.0 m，采用型钢骨架，铝面板(厚2 mm)，外粘贴3M红色反光膜(超强级)。灯架布置在桥涵标标牌的上方，桥涵标及灯架均采用内置式，并可分开升降进行维护。桥涵标标牌型钢骨架外框采用40×4冷弯方形空心型钢，其焊脚高度为3 mm。滑轨采用冷弯等边槽钢([80×40×5焊接而成，背面采用∟50×50×3角钢做横向龙骨)加固。所有钢构件均涂刷铁红防锈漆两度，醇酸面漆两度。

(2) 桥柱灯结构与尺寸。桥柱灯安装在主通航孔两侧桥墩上下游两侧，每根桥柱墩上垂直安装4盏桥柱灯，检修道包括灯架、爬梯两部分。采用钢结构，从大桥桥面通过爬梯下至桥柱灯处对桥柱灯进行维护。灯架固定在爬梯上，间距为2 m。爬梯均采用热轧等边角钢焊制成一整体，水平方向通过预埋的不锈钢螺栓与桥墩连接。钢结构爬梯主要构件为角钢支架、槽钢横梁、角钢横向龙骨、3 mm厚花纹走道板等，这些构件通过焊接组成一个整体。所有钢构件均涂刷铁红防锈漆两度，醇酸面漆两度。

(3) 桥区引航道航标结构与尺寸。桥区引航道航标采用10 m钢质浮标。

浮标主要由浮具、标体和系留设施三部分组成。浮具采用标准10 m钢质标志船，其主要尺度为总长10 m，型宽2.4 m，型深0.8 m，吃水0.4 m。

系留设施采用ϕ11 mm的钢丝绳和1.5 t的钢筋混凝土锚石；标体全部为侧面标标体，根据岸别不同又分为锥形标体、罐形标体两种。航道左岸一侧为锥形标体，锥形体尺寸为底宽1.8 m，高1.5 m；标体面板采用3 mm厚、10 cm宽的不锈钢条板，条板外贴白色超强级反光膜(3M3930系列)，支撑骨架采用钢型钢焊制而成，条板与骨架之间用铆钉连接，便于局部损坏的更换。航道右岸一侧采用罐形标体，罐形标体尺寸为底宽1.2 m、高1.5 m，标体和骨架材料、做法同锥形标体。左右通航标结构形式同锥形标体，外观沿中心线一半粘贴红色反光膜，另一半粘贴白色反光膜。

2.4 水位变动期航运安全应对措施与对策

目前，三峡工程全面竣工，三峡水库航运安全至关重要，特别是在每年的水位变动期，必须采取相应的对策，确保过往船舶安全，真正发挥黄金水道运输在国民经济中的作用。

(1)船舶所有人、经营人应加大投入，加强船舶航行安全设备的配备，特别是雷达、GPS等重要助航设备的配备，便于船员安全驾驶。配足适任船员，避免船员过度疲劳。制定水位变动期防触礁、碰撞等情况的应急预案，根据船舶营运特点研究制定库区航行操作指南和注意事项，加强船员安全技能培训，提高船员安全意识和操作水平。

(2)航行船舶、船员在船舶航行中，及时获取水位变动及航道、航标变化信息，且注重信息传送的及时性和有效性。及时收集和掌握不同水位河床、岸形、碍航物情况，提前做好防范。正确应用助航设备，随时保持高度戒备，正确瞭望、谨慎操作，留出足够的船舶岸距。交接班时，确实做到交清接明，互相提醒。及时收听海事机构发布的航行通告，密切关注各滑坡体信息，远离滑坡体航行。

(3)海事部门应对重点水域、岸嘴、桥梁、渡口实行驻点监控，并及时发布航行通警告，防患于未然。对助航设施配备不到位或配置较低的船舶，加强现场检查力度并禁止其夜间航行。针对库区水位消落和地质灾害的特殊性，依托巡航救助基地和社会水上救助力量完善水上救助系统，定期展开水上救助演习。加大船员技术培训力度，从特殊培训、考前培训、换证培训、日常培训、实操培训上入手，对库区水位消落安全要领及知识进行重点培训和教学，提高船员操作技能。要尽快调整156 m运行时的停泊区，对175 m运行时的库区停泊区进行规范。加强巡航检查力度，大力打击违章冒险航行、船舶超载、配员不足、非法载客、违反定线制规定等违法行为。

(4)航道部门应组织专家重新修正航道图，重新对航标配布、碍航位置、碍航程度及航段水势流态变化进行及时修正并予以公告。及时调整岸标和浮标，特别要为塔标设置辅助标志，正确、有效指引船舶安全航行。对三峡库区碍航物如礁石、岸嘴及时进行标识，对支流航道等级进行评估，核定不同水位的航道等级，设置助航标志。

(5)乡镇政府、航务管理部门及时加强"五小"船舶管理,规范市场准入行为,杜绝"三差两难"的"五小"船舶进入长江干线航行。船舶 GPS 系统生产单位应尽快研究开发电子海图,根据三峡库区水位变动情况,及时更新电子海图,正确引导船舶的安全航行。

(6)水位调度部门及时向社会公示每日水位变动的准确信息,过往船舶根据每日水位变动幅度采取相应的防范措施。

第3章 水下爆破技术

3.1 水下爆破理论

长期以来，水下爆破的复杂环境导致了试验模拟观测的可操作性差，严重阻碍着试验技术的发展，造成了目前水下爆破理论和试验研究远远落后于工程应用技术发展的局面。由于水下爆破炸药爆炸的瞬时性，装药结构、起爆方式的差异，水下环境与水深变化的影响，水底界面和自由表面对冲击波的反射、折射作用等多种因素影响，水下爆破比陆地爆破具有更加复杂的作用机理。水下爆破与陆地爆破在爆破方法和爆破原理方面是相似的，因此，众多学者从研究水中爆破、陆地爆破的作用机理入手，通过比较水下爆破与陆地爆破的差异，对水下爆破的作用机理进行研究。目前，对水下爆破水中冲击波、地震波的理论研究还比较少，所能参考的资料大多是水下爆破工程实例的中远区水中冲击波、地面地震波监测数据的分析和归纳，或是通过数值仿真对某些单一影响因素进行探索性的研究，得到的结果可能有一定的偶然性和随机性，还不能得出精准的理论模型，但可为降低水下爆破的负面效应提供依据。

3.1.1 水下爆破冲击波传播理论

忽略水介质的黏滞性和热传导性，基于质量守恒、动量守恒和能量守恒三大定律，可得到能描述水下爆破现象的流体动力学基本方程组。水下爆破极为复杂，想要得到符合实际情况的精确解十分困难。目前，国内外学者均对水下爆破进行大量简化，采用理论分析、试验研究和数值计算三种方法对水下爆破冲击波传播理论进行综合性探索。钱胜国对自由水面中冲击波及其反射的变化规律进行试验研究，利用爆炸深度与爆炸能量逸出的关系修正了库尔公式。孙远征和陶明分别采用试验与数值计算研究了水下钻孔爆破水中冲击波的传播特性及衰减规律；刘志利用高速摄影技术研究了水下爆破冲击波波阵面传播规律，得出了小药量水下爆炸冲击波压力计算经验公式；司剑锋通过对静水、动水、水下裸爆、水下钻孔等不同条件下的爆破水击波进行现场测试，研究了水下炸礁工程爆破水击波特性及衰减规律；柴修伟采用数值模拟方法对水下爆破在单自由面、双自由面条件下，炸药在水下岩石中爆炸后产生的水中冲击波的传播特性和衰减规律进行研究，得知水中冲击波的衰减规律具有方向性；曲艳东采用数值模拟方法研究了冰体覆盖的相对封闭条件下，水下爆破冲击波的传播规律，认为冰盖的存在可以削弱水下爆破冲击波能量的耗散。与常规水下爆破相比，峰值压力较小，衰减速度较慢。

3.1.2 水下爆破地震波传播理论

水下爆破的地震效应主要来自三个方面：一是炸药爆炸直接作用形成的地震波；二是水击波冲击水底边界所产生的冲击地震波；三是爆炸气体在水中进行胀缩上浮运动形成的脉动水压力而引起的地震效应。詹发民对水底岩石的振动信号进行了监测，通过小波分析得出大部分能量集中在 100 Hz 以下，振动强度与测点的位置有关；爆心距相同时，随着药量增大，能量更多集中在低频部分；爆区水越深，振动能量的低频部分越大，沟槽效应的影响与陆地爆破地震波的传播规律一致的结论。邵蔚通过现场实测爆破振动速度数据分析，认为水下爆破具有明显的滤频效应，具有主频小、频带窄和能量小等特点。王振雄对不同水深条件下的质点振速进行了数值模拟分析，认为初次振速基本一致，但二次峰值出现的时间及峰值大小均有较大区别。彭亚雄认为水下钻孔爆破随单段最大药量的增加，地震波低频带能量比增大，地震波能量随爆心距呈指数衰减；同时，地震波能量向低频带富集。胡春红通过数值仿真分析认为，水下炸礁产生的爆破地震加速度时程可作为工程结构响应计算时的激励。钟东望以长江太子矶航道疏浚、爆破工程为例，通过对水下爆破地震波的测试与分析，认为地面振动的主振频率应是低频波和高频波的叠加，低频波占主要部分，而水冲击波引起的地面振动高频波的冲击作用并不明显。沈蔚等运用灰色关联理论，结合工程实践经验，分析指出：最大段药量对爆破地震波的振动峰值和主频有着主要的影响作用。

3.1.3 水下爆破破岩机理

水下爆破孔内一般都有水，装药后孔内炸药处于水耦合状态。当炸药爆炸时，由于水的耦合作用，削减了爆轰波的初始冲击压力，使孔内爆轰波的压力处于比较均匀的状态，炮孔内壁一般不会出现粉碎性的压缩圈。通常认为，在炸药爆炸应力波传播到岩石与水的分界面前，岩石的破碎作用机理与陆地爆破的作用机理相同，一旦爆炸应力波传播到岩石与水的分界面时，应力波将在两种介质的界面处出现反射和透射现象。此时，既会出现透射到水中的压缩波，也会出现反射至固体介质中的拉伸波，这与陆地岩石爆破时，入射波几乎全部反射形成拉伸波不同。同时，由于水压力的作用，相当于给岩石临水自由面增加了一个预应力，从而会抵消一部分反射拉应力的作用，因此，水下岩石爆破临水自由面的反射破坏作用没有陆地爆破的明显，并随着水深的增加，爆破漏斗半径将会变小。

破碎后的岩块运动由于受到水的阻力，其运动距离将大大缩小，这也是当达到一定水深时，水下爆破一般不会产生爆破飞石的原因。炸药能量在破碎岩石的同时，有部分炸药能量通过破碎岩石的缝隙作用到水体中，产生水击波或动水压力，并产生涌浪，出现炸药水中爆炸的很多物理现象。李春军认为，水越深，炸药要抵抗水压越大，破岩岩体的体积越小，破坏范围越小。时立国说明了爆炸冲击波到达水面时反射生成的拉伸波能量比在空气中的反射拉伸波能量小得多，这极大地减弱了自由面的反射拉伸波对岩石的破坏效应；此外，由于被爆岩体表面产生变形需克服静水压力，水的阻力也会影响破碎岩体的抛掷运动，从而导致水下钻孔爆破的炸药单耗比陆地爆破的炸药单耗大。殷秀红运用数值仿真技术研究水下钻孔爆破岩石各区的应力响应，认为水介质的存在增加了爆炸应力波与爆生气体的作用时间。当炸药性能不变时，与陆地爆破相比，爆炸初始阶段在冲击波作用下形成的粉碎区范围相近，而裂隙区的范围更广。唐玉成、白杨在爆炸罐内施加不同压强，模拟不同水深梯度，发现随着水深增大岩石的大块率增加，且水深是主要影响因素。

由于水介质的压力作用，改变了岩石中的轴向压力作用，受到水的围压作用，炸药爆炸后需分配一部分能量用于克服水压作用，而且水深越大，岩石外部围压越大。因此，破碎程度远不如同等条件下的陆地爆破，如要得到相同的破碎程度，则需要更大的单耗。水深越大，所需单耗越大。李伦认为，由于水介质的存在，水下爆破冲击波作用时间更长、应力峰值更高，这也使得水下爆破冲击波对岩石的损伤破坏作用更强。刘美山采用混凝土试件进行陆地和水下爆破效果的对比试验，认为水深为 25 m 左右时，水下爆破如要达到陆地爆破的效果，其单耗应增加 2~4 倍。

综上所述，由于水压力的作用减小了爆破的破裂半径，降低了破碎效果，削短了抛掷距离,水越深,影响越大,因此,水下爆破若欲取得与陆地爆破同样的破岩效果,水下爆破炸药单耗约是陆地炸药单耗的 2 倍以上。

3.2 水下爆破器材

现如今,工业炸药的技术水平主要体现在粉状乳化炸药、无梯炸药和现场混装炸药三个方面。工业雷管发展迅速的是塑料导爆管雷管和数码电子雷管。在水下爆破工程中,特别是深水(水深超过 20 m)环境爆破时常出现爆轰性能下降,甚至出现半爆或拒爆现象,严重影响水下爆破工程的效果。因此,水下爆破应采用具有抗水抗压性能的爆破器材。

3.2.1 起爆器材

水下爆破起爆网络随起爆器材的发展而发展,最初多采用导爆索结合继爆管进行小规模的水下爆破。随着电雷管的应用,水下爆破逐步开始使用电雷管起爆网络,但分段较少,一次爆破规模也不大;后来,随着导爆管雷管,特别是高精度导爆管雷管的应用,水下爆破开始采用微差起爆技术,一次爆破规模基本不受起爆网络的限制;目前,随着电子雷管的普及应用,水下爆破逐步走向精细化。

对于水下爆破起爆器材,重要的指标是雷管的抗水抗压性能。一般来说,工业雷管金属外壳具有很好的抗水抗压能力,而雷管脚线卡扣处的塑料塞则是抗水薄弱部位。钟帅在自己设计的高压容器中,对工业 8 号雷管进行了 80.65~150.65 m 模拟水深试验。结果表明:在该水深范围内随着水深的增加,雷管能够完全爆轰,冲击波峰值压力和能量并不会发生明显变化。徐圆圆通过试验发现,单发导爆管雷管在 200 m 以内的水深中可以正常起爆,比冲击波能总体上是微量下降,比气泡能在总体上是微量上升。在实际水下爆破工程应用中,工业雷管均可正常起爆。因此,在水下爆破工程中仅需从起爆网络可靠性方面进行雷管的选择,但无论采用何种起爆网络,都需要考虑雷管卡扣的薄弱处,其能承受的拉力较小,特别是在深水环境中,更是要避免拉扯雷管脚线,对起爆网络进行加固,要保证起爆网络不受力,以防被风浪、水流拉断破坏。

3.2.2 抗水性炸药

水下爆破最初多采用 TNT 等单质军用炸药、胶质炸药及铵梯炸药,或者在药卷上涂刷沥青、石蜡、焦油、松香等防水剂，再或者将炸药安装在防水容器内。随着炸药技术的发展及安全、环保的要求，逐步开始使用乳化炸药、水胶炸药等抗水性炸药，或是直接将炸药装入塑料壳体内形成震源药柱类防水炸药，但目前胶质炸药、含梯炸药已逐渐停产。

我国工业类抗水炸药的抗水标准一般为 0.2 MPa。也就是说，常规工业抗水炸药只能适用于小于 20 m 水深条件下的爆破。当水下爆破工程的水深大于 20 m 时，需采用深水爆破专用炸药。金鹏刚采用密封容器注水加压的方法模拟一定水深的工况，对某型号的乳化炸药和水胶炸药在 1.0 MPa 水压力（模拟 100 m 水深）下放置 7 d 后，在水中 1.0 MPa 压力下进行爆轰试验。试验结果表明：这两种炸药在 1.0 MPa 水压力下全部正常爆轰。适合深水条件下（水深大于 20 m）的炸药主要为非常规抗水类工业炸药，主要包括乳化型深水爆破专用炸药（简称乳化炸药）、水胶型深水爆破专用炸药（简称水胶炸药）等。

(1) 乳化型深水爆破专用炸药。乳化炸药的敏化方式有物理敏化、化学敏化和物理化学联合敏化三种方式，主要依靠小气泡或微气泡的"敏化热点"起爆机理形成爆轰。在深水条件下，常规乳化炸药受先起爆炸药的水击波"减敏"作用影响，容易导致"压死"，产生拒爆现象。刘磊研究发现，在深水压力长时间作用下，化学敏化的乳化炸药爆炸性能下降主要是渗透溶胀和气泡逃逸引起"敏化热点"减少造成的，珍珠岩敏化的乳化炸药爆炸性能下降主要是渗透溶胀和珍珠岩破碎与失效引起"敏化热点"减少造成的，玻璃微球敏化的乳化炸药爆炸性能下降主要是渗透溶胀引起的。乳化炸药的密度需控制在合理范围，其爆炸性能才能达到最佳，但化学敏化、珍珠岩敏化的乳化炸药密度会随水深增加而增大，其爆炸性能也会随水深的增加而逐步降低，达到一定水深时甚至会出现拒爆情况；而玻璃微球敏化的乳化炸药，由于单位体积的"敏化热点"相对较多，在一定的压力作用下，炸药密度即使增大，其炸药爆轰性能依然下降不明显。徐乾、侯志明对乳化炸药的配方进行了研究，均获得了以玻璃微球作为敏化剂的深水抗压型乳化炸药。因此，采用玻璃微球为主的敏化方式制备的乳化炸药更适用于深水爆破。

(2) 水胶型深水爆破专用炸药。水胶炸药通常采用硝酸甲胺为主的水溶性敏化剂和密度调节剂；同时，采用膨胀珍珠岩作为次要敏化剂并辅助调节密度。硝酸甲胺是一种爆炸性敏化剂，以液态形式存在，其物理状态与水相似，可近似看作不可压缩的物质，在体系内硝酸甲胺以分子状态与硝酸铵、硝酸钠等氧化剂分子在溶液中进行充分接触，与水胶炸药本身的水凝胶体系具有良好的匹配相容性。通过提高硝酸甲胺和铝粉的含量比例，适当降低膨胀珍珠岩的含量，可有效减少深水静压力和渗透作用的影响，提高激发爆轰的灼热核，改善整体的爆炸性能，解决常规抗水工业炸药在深水爆破作业中不耐压、拒爆、半爆或炸药威力小等问题。因此，硝酸甲胺、铝粉含量高，膨胀珍珠岩含量低的水胶炸药更适用于深水爆破。马亚以2号岩石型水胶炸药为模型，在提高硝酸甲胺和铝粉的含量比例的同时，对有机添加物的比例进行调整，以改善深水中的起爆感度，通过试验获得了深水爆破用水胶炸药的配方。如福建省港航管理局在清理水深达40 m的海上航道时，使用该产品爆破后岩石块度小，清运方便；安徽繁昌县在水深达30 m的长江中进行夯实桥墩、桩基工作时使用该产品，大大加快了工程进度，缩短了工期。

汪齐通过改变静水表面的压力模拟深水装药环境，对化学敏化的乳化炸药和煤矿许用水胶炸药进行试验。试验结果表明，这两种含水炸药的爆速随着水深的增大而降低；乳化炸药受静态压力的影响较大，在静态压力为0.3 MPa下会发生拒爆，水胶炸药爆速下降率比较平缓、稳定。因此，在深水区进行爆破作业时，需对炸药进行试爆，测试炸药在深水区的起爆性能，保证炸药在水中安全准爆。

3.3　水下爆破设计方法

水下爆破设计方法、装药量计算所用的基础理论与陆地爆破相同，只是深水影响了炸药的性能指标，减弱了水下破岩能力，致使水下爆破炸药单耗选取与陆地爆破有差异。炸药单耗是爆破设计的核心，因为孔径、孔距、孔深及堵塞长度等爆破参数设计都与单耗有关。我国爆破学者在长期理论工作和实践中结合国外已有成果，总结了一些行之有效的水下爆破参数计算公式。近年来，也有不少学者采用数值仿真进行水下爆破参数优化设计。

3.3.1　经验公式法

国内外关于水下爆破装药量计算的经验公式有很多，但大都只适用于特定的水下爆破环境和施工条件，且不同公式间的计算结果差异很大，无法得到任何情况都适合的计算方法。日本炸药协会公式、瑞典公式、《工程爆破实用手册》中的计算公式和我国水利系统常用的计算公式是目前常用的经验公式。其中，我国水利系统常用的计算公式、瑞典公式和日本炸药协会公式三者比较相似，均考虑了水深、覆盖层的影响。前两者还考虑了梯段高度的影响，可以说涉及了影响水下爆破效果的各种因素，但在确定基本炸药单耗时还是存在一定的差异。

此外，由于这些经验公式没有考虑炸药性能受水深影响而降低的因素，2008年长江科学院基于我国水利系统常用的计算公式，引入受水深影响的炸药爆速降低系数，提出了如下修正公式：

$$q_\text{水} = \frac{q_\text{陆}}{K_D^2} + 0.01H_\text{水} + 0.02H_\text{覆} + 0.03H_\text{梯}$$

式中　$q_\text{水}$——水下钻孔爆破的炸药单耗（kg/m³）；

　　　$q_\text{陆}$——相同介质的陆地爆破炸药单耗（kg/m³）；

　　　$H_\text{水}$——覆盖层以上的水深；

　　　$H_\text{覆}$——覆盖层厚度；

　　　$H_\text{梯}$——钻孔爆破的梯段高度；

　　　K_D——水下炸药爆速降低系数，即爆破介质所处水深条件下实测炸药爆速与陆地上实测炸药爆速之比。

该公式考虑比较全面，解决了实际施工中所遇到的大部分问题。该公式也因此成为我国水利系统水下和半水下爆破常用的计算公式，在国内外多个水电站的围堰拆除爆破和岩塞爆破中获得了成功应用。

此外，近年来也有学者对水下爆破的单耗确定做了一定的研究。李泉对国内外的几种水下钻孔爆破炸药单耗计算公式进行了分析、比较，结合工程实际，在长江科学院水下爆破公式的基础上，提出了基于清渣设备能力的水下爆破炸药单耗计算公式：

$$q_\text{水} = f(n)\left(\frac{q_\text{陆}}{K_D^2} + 0.01H_\text{水} + 0.02H_\text{覆} + 0.03H_\text{梯}\right)$$

式中　$f(n)$——爆破作用指数的函数，其表达式为 $f(n)=0.4+0.6n^3$；n 值可根据挖泥船的类型及大小选取，根据多个类似工程的经验，铲斗挖泥船的 n 值可取 1 左右，抓斗挖泥船的 n 值应为 1~3。

其余符号意义同前。

3.3.2　数值仿真分析法

水下爆破装药量计算经验公式是在工程实践基础上归纳总结得到的，实践经验的成分更浓。利用计算机仿真技术可对水下爆破工程中的具体问题进行分析，对水下爆破参数进行优化，从而指导实际施工，加快施工进度、降低成本、提高爆破质量。

王宏对影响水下钻孔爆破效能的因素进行数值仿真研究，得到了不同堵塞长度、不同起爆位置、不同装药条件对水下爆破冲击波参数的变化影响。齐世福通过数值仿真分析发现，水层消耗了部分炸药能量，但水介质提高了炸药能量利用率，使水下钻孔爆破岩石块度更均匀，得出的压力时程曲线可作为水下钻孔爆破单耗设计的计算依据。郭强、殷秀红均采用数值仿真技术对水下钻孔爆破的孔网参数优化进行了研究，获得了优化设计后的炸药单耗及孔网参数，降低了施工成本。梁禹以长江太子矶航道炸礁工程为例，对不同堵塞长度进行数值仿真分析，得到了破碎均匀、块度适中、方便清淤等爆破效果好的合理堵塞长度。

通过数值仿真，可以更加细致地描述水下爆破各物理参量的变化过程，得到大量的动态数据及分布曲线；将爆破过程中的物理现象以图像的形式直观地展现出来，克服了以往研究方法"只闻其声，难见其貌"的不足；作为一种很好的辅助手段，科研人员通过计算机即可对实际工程进行指导。

3.4 水下爆破技术

水下爆破技术已被广泛应用于码头与船坞建设、航道疏浚、水下石方开挖、挤淤筑堤、水下爆夯、水下爆破拆除等工程领域。从爆破效果来看，钻孔爆破法的炸药利用率高、安全性好、爆破有害效应易于控制、开挖形状与爆破块度容易得到保证，且随着安全、环保意识的增强和钻孔机械设备的不断改进，水下钻孔爆破以爆破负面效应小的优势逐渐代替水中爆炸和水下裸露爆破，成为水下爆破工程的主要施工方法。下面将从水下炸礁爆破、水下岩塞爆破、围堰拆除爆破三个方面，重点介绍水下钻孔爆破技术的应用与发展。

3.4.1 水下炸礁爆破技术

自1968年广州黄埔港航道整治水下炸礁爆破以来，水下炸礁爆破技术在港口建设、内河航道疏浚、海底输油管道沟槽开挖、海港航道整治等工程中运用日益广泛。水下炸礁爆破技术的新发展主要表现在以下六个方面：

(1)严寒季节水下深孔爆破技术的应用。在引松(松花江)入长(长春)工程中，对水下基岩1万余立方米的开挖，分别于1997年2月14日和3月22日，成功地进行了两次大规模水下深孔爆破。采用钢管脚手架钻孔平台，孔距为3.6～5.0 m，排距为1.0 m，两次爆破的炮孔分别为360个、504个，药量分别为6.1 t和10.7 t。

(2)复杂海况条件深水炸礁技术的应用。上海洋山深水港炸礁工程所在水域水文条件复杂，爆破厚度达 21 m、施工水深为 25 m。该工程是当时国内难度最大的炸礁工程。施工中采用自升式炸礁平台船，钻孔直径有 115 mm 和 165 mm 两种，孔距为 2.3~5 m，排距为 2.0~2.8 m，钻孔超深 3 m，采用高能乳化炸药，单耗 1.8~1.95 kg/m³，采用粒径小于 3 cm 的石子进行堵孔，堵塞长度为 0.5~1.0 m，防止药柱拉出孔外。洋山港水下炸礁爆破的成功为我国深水港的水下炸礁积累了经验。

(3) 深水管沟爆破技术的应用。福炼深水管沟爆破工程为线型管沟式炸礁，炸礁沟底宽度为 6 m，长度为 2 588 m。施工区域处于湄洲湾风口区，风大浪高，涌浪高达 2~3 m，流速为 2 m/s，爆破施工最大水深达 51 m。每个船位设计爆破面积为 12 m×9 m，每船位布置 4 排孔，每排布置 3 个孔，孔距为 3.0 m，排距为 3.0 m，超深 3.5 m。采用高密度系列震源药柱，单耗 2.0 kg/m³。该工程的成功标志着我国在深水礁石区进行管沟施工实现突破。

(4) 复杂环境内河航道疏浚水下炸礁技术的应用。长湖申线湖州段航道疏浚工程周围环境复杂，水深为 2.0~3.5 m，不能用钢管架搭建作业平台，大型钻爆船也不适用，只能采用自制的浮筒式水上钻孔平台。采用 2.0 m×2.0 m 的小孔网参数减少单孔装药量来控制爆破振动，超深 2.0 m。孔内 MS12 导爆管雷管，孔间 MS2、MS3 导爆管雷管接力，排间 MS5 导爆管雷管，从中间以 V 形逐孔起爆，起爆方向朝向原河道，成功地将爆破有害效应控制在安全允许范围之内。

(5) 现场混装炸药技术在海上炸礁工程中的应用。斯里兰卡汉班托塔港项目，是国际影响力比较大的一项大型海外基建项目。由于斯里兰卡国内没有自己的工业炸药生产厂，所需炸药全部依赖进口，不仅综合使用成本高，而且对施工进度也有很大影响。将采矿工程中广泛应用的露天炸药现场混装技术移植到了海上炸礁作业中，在钻爆施工船上实现了水下钻孔、炸药生产、机械化装药、爆破等一体化功能。

(6) 数码电子雷管在水下炸礁工程中的应用。陆丰核电厂北导流堤基槽水下炸礁，爆破振动控制要求严，非电导爆管起爆网路不能满足要求。该工程采用矩形布孔，孔距、排距取 1.5~1.8 m，超深 2.0 m，每孔安装两发数码电子雷管，孔间延时设为 30 ms。首次爆破共钻孔 207 个，由三台起爆器连接并通过主机及起爆控制软件进行起爆。通过合理地控制延时时间，设计合理的爆破参数和起爆网络，以毫秒延时爆破的方式，逐孔、逐排地进行起爆，成功地实现大规模单孔单段的水下炸礁微差爆破。

3.4.2 水下岩塞爆破技术

我国从 1971 年在清河"211"工程取水口采用岩塞爆破技术之后，到目前已成功实施了 30 多个规模较大的岩塞爆破工程。岩塞爆破方法主要有集中药包爆破法、钻孔爆破法、集中药包与钻孔爆破结合法。岩塞爆破实施前，一般需要在实际岩塞部位附近进行 1∶1 或 1∶2 的岩塞爆破原型模拟试验，不仅成本高、施工难度大，而且风险高。2012 年长江科学院开创性地提出了在隧洞环境下进行岩塞爆破模拟试验的方法，即利用工程本身的水工隧洞开挖，在大断面隧洞环境下，模拟岩塞条件，开展钻孔岩塞爆破试验。此种试验方法与传统的原型模拟试验方法相比的优势有：成本低，结合输水隧洞正常钻爆开挖施工进行试验，无须专门开挖试验洞；风险小，可预先对岩塞爆破关键技术分解模拟；可进行多次试验。该试验方法已成功推广应用。随着钻爆设备更新换代及起爆器材的不断创新，采用数码电子雷管可以实现任意分段。近年来，国内实施的岩塞爆破多采用深孔钻孔爆破。水下岩塞爆破技术的进展如下：

(1)丰满水电站泄洪洞进水口是我国规模最大的水下岩塞爆破工程，于 1979 年 5 月 28 日爆破成功。该岩塞轴线倾角为 60°，设计直径为 11 m，厚度为 18.5 m(包括 3.5 m 厚的覆盖层)，岩石厚度与直径比为 1.36，岩塞爆破方量为 3 794 m^3，其中，岩石方量为 2 690 m^3，覆盖层为 1 104 m^3。采用开启闸门集碴爆破方式，岩塞分三层布置 8 个集中药室，形成"王"字形，选用胶质炸药，总装药量为 4 075.6 kg，最大一段药量达 1 979 kg。为有效控制岩塞轮廓及减小振动，轮廓面上布置 104 个预裂孔，孔径为 40 mm，孔距为 30 cm，孔深为 8.0 m，线装药密度为 270 g/m，预裂孔装药量为 201.4 kg，采用毫秒电雷管微差起爆网路，预裂孔、1～2 号药室和 3～8 号药室的起爆时间分别为 0 ms、25 ms、75 ms。

(2)长甸水电站改造工程取水口是我国目前最大的全排孔岩塞爆破工程，于 2014 年 6 月 16 日爆破成功，它的成功从工程层面填补了我国大直径全排孔岩塞爆破的技术空白，使我国的岩塞爆破技术达到国际领先水平。该岩塞位于水库正常蓄水位以下 63.3 m，岩塞中心轴线与水平夹角成 43°，岩塞段厚度为 12.5 m，岩塞外口直径为 14.6 m，岩塞内口直径为 10 m，扩散角为 10°，岩塞厚度与直径比为 1.25，岩塞体设计方量为 1 419 m^3。采用"气垫式"闭门集碴、"中导洞"全排孔爆破方案，分为中导洞区、扩大区和轮廓区三个区域，共布置 9 圈炮孔：钻孔直径均为 90 mm，中导洞区布置 5 圈炮孔，共计 6 个空孔和 32 个爆破(掏槽、辅助掏槽)孔；扩大区布置 3 圈炮孔，共计 69 个爆破孔；轮廓区布置 1 圈炮孔，共计 48 个光爆孔。孔底抵抗线按 1.5 m 进行设计，由于漏水或地质缺陷等原因部分炮孔不能继续钻进，实际孔底抵抗线在 1.1～4.5 m 范围内，80%炮孔的孔底抵抗线小于 2.5 m。中导洞区和扩大区的爆破孔采用 60 mm 乳化炸药连续装药，轮廓区光爆孔采用 32 mm 乳化炸药间隔装药,总装药量为 2 839.8 kg。采用数码电子雷管与高精度导爆管雷管复式微差起爆网络,圈间延时 100 ms,段间延时 17 ms。

(3)刘家峡洮河口排沙洞进水口是我国淤泥最厚的岩塞爆破工程,于 2015 年 9 月 6 日爆破成功。该岩塞位于刘家峡水库正常蓄水位以下 70 m 处,淤泥的厚度达 27 m,岩塞轴线倾角 45°,设计内口直径为 10.0 m,厚度为 12.3 m,厚度与直径比为 1.23。采用开启闸门集磕爆破方式,岩塞共布置 7 个药室,呈"王"字形,在岩塞周边布置 121 个预裂孔,钻孔直径为 76 mm。为避免厚淤泥影响爆破效果,在岩塞口上部的淤泥层中布置 12 个淤泥扰动孔,分布在进水口轴线上和左右两侧,呈菱形布置,钻孔直径为 110 mm,孔间距为 1.8 m,岩塞合计装药量为 7 373.25 kg。采用数码电子雷管复式微差起爆网路,淤泥扰动孔、预裂孔、4 号药室、1~3 及 5 号药室和 6、7 号药室的起爆时间分别为 0 ms、25 ms、75 ms、100 ms、125 ms。

(4)某省重点输水工程取水口是进口段最长的岩塞爆破工程,于 2018 年 9 月 30 日成功爆破。该岩塞位于水库正常蓄水位以下 45 m 处,进口段长为 4 376 m,岩塞轴线倾角 55°,岩塞外口直径为 14.02 m,内口直径为 7.55 m,发散角为 15°,厚度为 12.8 m,岩塞厚度与直径比为 1.56,岩塞体方量为 1 163 m³。采用闭门集磕、"中心掏槽、圆周扩展、光面成型"的全排孔爆破方案,共布置 8 圈炮孔,钻孔直径均为 90 mm,布置 6 个空孔、9 个掏槽孔、10 个辅助掏槽孔、49 个主爆孔及 40 个光爆孔,共计 114 个炮孔,爆破孔采用 60 mm 乳化炸药连续装药,光爆孔采用直径为 32 mm 乳化炸药装药,总装药量达 2 112.2 kg。采用数码电子雷管与高精度导爆管雷管复式微差起爆网路,圈间延时 100 ms,段间延时 17 ms。

3.4.3 围堰拆除爆破技术

自 1986 年在葛洲坝水电站上游围堰防渗墙水下爆破拆除中,首次使用接力微差起爆技术以来,我国已成功进行了上百次大型围堰拆除爆破,各类型的围堰拆除爆破技术均得到推广应用,毫秒微差起爆技术、气泡帷幕防护技术等已成为围堰拆除爆破的常规技术。

(1)水平钻孔深度最大的围堰爆破。"2458"工程船坞围堰是当时(1992 年)国内外最大的岩坎爆破工程,岩坎和围堰高为 16 m,爆破方量为 69 000 m³,孔距为 3.0 m,排距为 2.3 m,最大水平孔深为 51 m。采用 TNT 与硝酸铵熔铸成的铵梯炸药柱,掏槽孔、两侧一、二、五排和梅花孔用 80 mm 药柱,每米孔装药量为 6.0 kg;两侧三、四排孔采用 74 mm 药柱,每米孔装药量为 5.0 kg;最大一段药量为1 363 kg，总装药量为40.29 t。起爆采用中间掏槽、两侧依次起爆的顺序，按不同距离分段控制药量，共分98段，孔外延时共计2 075 ms。

(2)首次实现"即时过流"的围堰爆破。大朝山水电站导流洞要求于1996年6月过水分流。进口Ⅲ区一次性爆破拆除的混凝土及岩埂方量4 400 m^3。拆除爆破区域环境复杂，爆区距闸室门槽等建筑物为10.8 m，围堰两侧与混凝土翼墙紧邻，进口段底线距离导流洞混凝土底板仅1.5 m。设计布置七排炮孔，其中，垂直孔164个，水平孔45个，预裂孔22个，垂直孔间排距为1.2 m×1.5 m，水平孔间排距为1.0 m×1.0 m，孔底距离岩埂上游坡面为0.5～0.8 m。将7.85 t的总装药量分为86段起爆，最大单段药量为187 kg。爆后约20 min，导流洞进口附近石碴已基本冲尽，达到分流过水的目的。

(3)首次采用数码电子雷管定向倾倒法拆除的围堰。2006年6月6日成功地实施了长江三峡水利枢纽三期上游碾压混凝土围堰拆除爆破工程。该工程爆破拆除围堰总长度为480 m，拆除方量为18.6万 m^3，最大爆破水深达38 m，设计爆破炮孔(药室)总数达1 022个，采用现场混装的乳化炸药总装药量191.3 t，使用数码雷管2 506发，爆破总延时12.888 s。该项工程不仅满足了三峡三期工程建设的需要，而且在理论上有发展创新，在施工技术上创造了多项世界第一，是首次实现"建拆结合"理念的工程，是首次采用"定向倾倒"爆破法拆除的围堰，也是国内首次使用电子雷管的爆破工程。

(4)首次实现关门冲碴的围堰拆除爆破。溪洛渡水电站1号～5号导流洞进出口围堰需要同期拆除，共需拆除围堰10座，拆除总方量44.4万 m^3。该次围堰拆除爆破采用了水平孔加垂直孔的组合爆破方案，底部水平孔孔排距为：底板预裂孔上部第1排取1.0 m×1.0 m，第2～5排取1.25 m×1.25 m，第6排及第6排以上取1.5 m×1.5 m；上部垂直孔排距为：浆砌石取2.0 m×2.5 m，岩埂堰前孔取(1.0～1.25)m×1.0 m，两端孔取1.5 m×1.5 m。采用Orica高精度塑料导爆管雷管组成的非电接力式起爆网路；孔间传爆选择17 ms雷管，局部采用9 ms雷管，排间传爆选择42 ms雷管，孔内选择1 025 ms雷管。该围堰爆破拆除是国内首个关门冲碴的实例，解决了围堰群紧邻的建(构)筑物爆破安全控制难度大、围堰结构体形及周边条件复杂等难题。

(5)特大型船坞复合围堰的拆除爆破。金海湾50万t级船坞坞口由钻孔嵌岩排桩板式支护体系与天然岩坎构成复合型围堰，围堰全长为137 m，高为14.5 m，嵌岩桩为56根，拆除方量为55 000 m^3。围堰中部岩坎布置缓倾斜水平炮孔，炮孔直径为140 mm，孔内放置直径为110 mm的PVC塑料套管，孔排距为2.5 m×

2.0 m，孔深为 8～37 m，嵌岩排桩钻倾斜孔，倾斜角度根据现场实际情况而定，对嵌岩排桩底部进行人工切断预处理。采用逐孔毫秒延时起爆技术，总装药 52 t，使用高精度毫秒延时雷管 1 700 发，分为 265 段，爆破总延时 1 640 ms。解决了钻孔排桩加钢支撑围护体系预处理技术、临水破碎岩层钻孔技术、淤泥对爆破施工影响及对策等方面的难题。

3.5 爆破方案

根据主墩所处基岩结构、尺寸及周围环境等特征，为满足设计、工期需要，采用分层爆破方案。沿水流方向分排钻孔，根据雷管的段别、齐爆药量及周边环境，确定一次钻孔数，进行作业。

3.5.1 施工顺序

爆破施工顺序如图 3-1 所示。

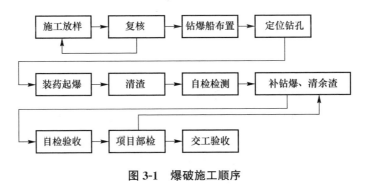

图 3-1 爆破施工顺序

3.5.2 施工机械选择

根据现场情况，彭溪河大桥拟采用工效较高、性能良好的 ZQ100 型航道潜孔钻机进行爆破作业，爆后利用 4 m³ 抓斗式清渣船进行清渣。

3.5.3 钻孔布置

钻孔孔位采用 GPS 直接测定，水上施工平台利用抛设的锚缆移动船位和调整孔位。在孔位上测量水深，由施工面高程和设计高程计算钻孔深度。

3.6 爆破参数设计

3.6.1 爆破孔网参数设计

根据现场测量的结果确定具体的爆破台阶高度，根据设计图台阶高度按 5 m 分层，考虑水流、水深条件影响及清渣的效果，顺水分断面进行施工。

(1)钻孔直径为 90 mm。

(2)孔距 a 的确定(图 3-2)。孔距取值 $a=1.5$ m。

(3)排距 b 的确定(图 3-2)。排距取值 $b=1.2$ m。

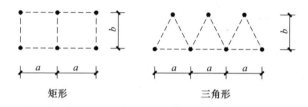

图 3-2 钻孔布置示意

(a)矩形；(b)三角形

(4)钻孔深度 h。钻孔爆破分层厚度最大为 5 m，孔深为 5 m。

(5)炸药单耗 q。选用具有防水性能的乳化炸药，根据水的深度情况调整单耗。由于水面以下有水压力的作用，夹制作用较大，单耗应适当取大一些。水下爆破单耗一般为 $1.0 \sim 1.8$ kg/m³，本工程松动爆破取 $q=1.5$ kg/m³。施工前，应在相对安全的区域进行小规模试爆，根据试爆的情况和水的深度变化调整药量。

(6)单孔药量 Q。根据体积法计算药量：$Q=a \times b \times h \times q$，单孔药量 $Q=13.5$ kg。

(7)微差时间选择。为降低水中冲击波及振动对周围构筑物的影响，除控制爆破规模外，还必须采用微差爆破，微差间隔时间设计不低于 50 ms。

(8)装药结构。为了使爆破块度相对均匀，在一定程度上减小爆破地震及水中爆破冲击波效应，采用孔底起爆方式。为确保装药到位，可采用竹片捆扎药卷进行装药，上部采用 $10 \sim 20$ mm 碎石堵塞。

一次最大起爆药量：7 排×4 孔×13.5 kg/孔=378(kg)。

(9)起爆网络设计。采用全非电毫秒延期导爆管起爆网络,网络敷设时,根据现场环境采用导爆管雷管延期逐排起爆。起爆网络示意如图 3-3 所示。

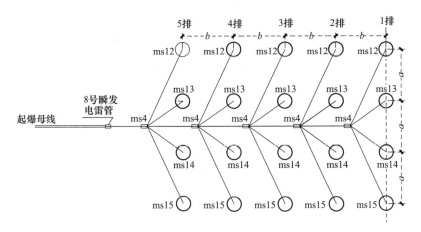

图 3-3 起爆网络示意

3.6.2 警戒范围

爆破时,为确保周围环境的安全,需对水面上 200 m 范围内的机械设备、船舶和人员进行撤离,700 m 范围内严禁游泳、捕鱼,900 m 范围内取消一切水下安装、潜水作业。

3.7 安全校核

进行施工爆破的关键是准确确定爆破地震和爆破冲击波振动对周围环境的影响,根据《爆破安全规程》(GB 6722—2014)确保周围建筑物安全。

3.7.1 爆破地震波安全距离计算

爆破地震波安全距离计算公式为

$$R = (K/v)^{1/a} \times Q^m$$

式中 R——爆破地震波安全距离(m);

Q——炸药量(kg),本工程采取逐排起爆,每排四孔,单爆药量 16 kg;

v——安全振动速度(cm/s),本工程两岸楼房取值 2 cm/s;

m——炸药量指数，取 1/3；

K，α——与爆破地形、地质等条件有关的系数和衰减指数，K 取 150，α 取1.5。

爆破振动安全允许标准详见表 3-1；不同岩性 K、α 取值详见表 3-2。

表 3-1 《爆破安全规程》(GB 6722—2014)爆破振动安全允许标准

序号	保护对象类别	安全允许质点振动速度 $v/(cm \cdot s^{-1})$		
		$f \leqslant 10\ Hz$	$10\ Hz < f \leqslant 50\ Hz$	$f > 50\ Hz$
1	土窑洞、土坯房、毛石房屋	0.15～0.45	0.45～0.9	0.9～1.5
2	一般民用建筑物	1.5～2.0	2.0～2.5	2.5～3.0
3	工业和商业建筑物	2.5～3.5	3.5～4.5	4.2～5.0
4	一般古建筑与古迹	0.1～0.2	0.2～0.3	0.3～0.5
5	运行中的水电站及发电厂中心控制室设备	0.5～0.6	0.6～0.7	0.7～0.9
6	水工隧洞	7～8	8～10	10～15
7	交通隧道	10～12	12～15	15～20
8	矿山巷道	15～18	18～25	20～30
9	永久性岩石高边坡	5～9	8～12	10～15
10	新浇大体积混凝土(C20)： 龄期：初凝～3 d 龄期：3～7 d 龄期：7～28 d	1.5～2.0 3.0～4.0 7.0～8.0	2.0～2.5 4.0～5.0 8.0～10.0	2.5～3.0 5.0～7.0 10.0～12

注：1. 爆破振动监测应同时测定质点振动相互垂直的三个分量。

2. 表中质点振动速度为三个分量中的最大值，振动频率为主振频率。

3. 频率范围根据现场实测波形确定或按如下数据选取：硐室爆破 f 小于 20 Hz，露天深孔爆破 f 为 10～60 Hz，露天浅孔爆破 f 为 40～100 Hz；地下深孔爆破 f 为 30～100 Hz，地下浅孔爆破 f 为 60～300 Hz。

表 3-2 不同岩性 K、α 取值

岩性	K	α
坚硬岩石	50～150	1.3～1.5
中硬岩石	150～250	1.5～1.8
软岩石	250～350	1.8～2.0

经爆破地震波安全距离计算，单爆药量为 16 kg 时能保障离爆破点 76 m 的楼房是安全的，详见表 3-3。

表 3-3 爆破地震速安全校核计算

保护对象名称	76 m 外楼房
最小距离/m	76
同段最大药量/kg	16
计算振速/(cm·s^{-1})	0.90
允许振速/(cm·s^{-1})	2.0
校核结果	安全

3.7.2 爆破水中冲击波安全计算

水中冲击波压力，可按水下钻孔爆破经验公式进行估算：

$$P = 156(Q^{1/3}/R)^{1.13}$$

根据上式可以计算出，本工程控制的同段最大起爆药量能保证水中周围建筑物及各类设施不受冲击波的影响。但遵照《爆破安全规程》(GB 6722—2014)，在水深小于 30 m 的水域进行水下爆破，炸药量小于 200 kg 时，水中冲击波的安全距离的确定应遵守以下规定：游泳者为 700 m；潜水者为 900 m；木船为 150 m；铁船为 100 m。施工时应严格按此规定确定安全距离。

第4章 深水基础在不同条件下的施工方案

4.1 深水基础围堰类型选型

4.1.1 深水基础围堰常见类型

1. 钢围堰

伴随着我国桥梁施工水平的不断发展,桥梁深水基础施工技术也在不断进步。已建成的桥梁深水基础,无论是工程规模、建设条件,还是技术难度、科技含量,都极具挑战性和创新性。目前,国内桥梁水中基础施工水深最大已经超过了 40 m 的施工水平。

对于深水基础,若采用桩基承台,则需大量地使用钢围堰方法施工。钢围堰按结构形式和施工工艺的不同,可分为钢套箱、钢吊箱、钢围堰等多种形式;按截面形式,可分为单壁围堰和双壁围堰;按截面形状,可分为圆形钢围堰、多边形围堰和异形围堰等。对于水深不超过 10 m 的深水基础,钢板桩也是选项之一。

对于深水群桩承台基础施工,通常采用的方法包括钢围堰和钢套箱等。其中,钢套箱增设底板后,即成为钢吊箱。通过改变底板厚度等方式,钢围堰、钢套箱和钢吊箱均可适用于较大水深的施工环境。围堰设计方案的选择,与桩基和承台的施工方案及地质水文情况紧密相关。

对于国内桥梁施工行业,钢围堰是个总称,包含钢套箱和钢吊箱。通常,这二者有诸多区别:在工法上,钢围堰和钢套箱的区别在于,钢围堰施工工艺为先围堰后桩,而钢套箱与钢吊箱为先桩后围堰;在结构上,钢套箱和钢围堰的区别不大,但钢吊箱与前两者相比,增加了底板结构;在使用上,钢吊箱方案一般适用于高桩承台及承台底部为沙层或松散的覆盖层的情况。当承台底部为沙层或松散的覆盖层的地质时,可考虑使用吹沙或者抽泥清淤等方式,将钢吊箱底板的位置清理出来，然后下放底板及钢吊箱壁板，封底后形成围堰。钢围堰和钢套箱方案一般多用于低桩承台，特别是在承台下方覆盖层很薄或岩层很浅，或者承台下方为黏土层等不透水层的情况下，钢围堰下放至岩层或不透水层后，即可进行封底施工。对于高桩承台，若采用钢围堰和钢套箱施工，为了着床，钢围堰的总高度需要增加很多，而且封底混凝土下方需回填大量土石方材料，经济性不高；反之，若低桩承台下方岩层较好，当采用钢吊箱方案时，底板下放就位的难度就相对较大。

2. 钢板桩围堰

钢板桩围堰方案是先进行钢板桩的插打施工，再根据围堰排水进度分层施工内支撑体系，现场需要较大量的焊接工作，施工周期相对较长。其受力原理是以桩体作为基本受力单元，桩体需要以被动土压力平衡外部主动土压力及水压力作用；同时，将内支撑作为约束构件以形成空间受力体系。

由于钢板桩围堰结构钢板桩结构刚度好、入土深度大，当河流流速较大和河床冲刷影响较大时，对钢板桩围堰施工难度和施工成本影响较小。

钢板桩围堰施工比较简单，结构受力明确。施工中插打方便，工艺成熟，靠锁口于淤泥中封水比较容易，成功率大。钢板桩围堰常用的钢板桩标准长度为 12 m 和 18 m，当标准长度不足时，可采取桩板接长的方案。钢板桩围堰内支撑设置间距一般为 2~3 m，且内支撑设置一般不应超过 4 道，否则将影响施工的周期。因此，钢板桩围堰的挡水高度一般不宜超过 11 m。

3. 锁扣钢管桩围堰

锁扣钢管桩围堰是将钢板桩用带锁扣的钢管桩代替，并通过导向架沉入到位，可以看作将双臂钢板桩围堰变成一个个部件并组装起来。基于这些钢管桩通过锁连接在一起的防水围堰的特点是：钢管桩的截面模量很大并具有很强的抗弯能力，可以大大简化围堰内部支护体系，便于施工。同时，钢管桩的刚度和稳定性较好，可采用强制下沉，更适合在有地下障碍物的区域使用。换而言之，锁钢管桩围堰结合了钢板桩围堰和双壁钢围堰的结构受力特性。

在实际施工应用中，还经常采用钢-混凝土复合结构围堰。在下部采用混凝土围堰、上部采用钢围堰时，它的适用条件与重力式围堰几乎相同。它的好处在于上部采用钢围堰可以加速施工进度，拆除方便，更经济；也会有下部采用钢围堰而上部使用混凝土围堰的时候，它的适用条件和钢围堰相同，在上部采用混凝土围堰是因为考虑到钢材的价格。

4.1.2 深水基础各围堰适用范围及优缺点

1. 各种围堰的特点

(1)钢套箱围堰。优点:由于先桩后围堰的施工顺序,作业迅速,从钻孔平台钢管桩作业到开钻仅需要很短的时间,洪水季节也能够作业;节约定位船、导向船及锚定体系的设施购买和租赁开支;使双壁钢套箱夹壁混凝土的数量降低;防止岩面坑坑洼洼时,钢套箱不规律的高低刃脚着岩的困难程度;钻渣清理的困难程度降低;封底混凝土的数量能够得到一定程度的节省。缺点:钢管桩和钢护筒的数目很大,使河床的防护举措增多,钢管桩和下层水平联结系钢材相对而言很多;钢护筒很难精准定位;对于高桩承台和钢套箱来说,由于要着床,相对于钢吊箱需要的用钢量会增加很多,开支比较大。

(2)钢围堰。优点:由于先围堰后桩的施工顺序,钢护筒的长度变短,厚度变薄,较易正确定位;双壁钢围堰的刚度大,能承受向内向外的压力,结构相对稳定;节约钻孔平台钢管桩材料,还能够节约加工焊接的开支、施工桩的花费;能为顶部施工平台提供支撑条件,节约钻孔平台的稳固施工开支。缺点:受建造钢围堰的时间制约和提前装设定位船、导向船的作用,水上设施众多,装设工序繁多,开钻通常较晚,进度很慢;钢围堰高度在一定程度上要加高,钢的使用量相对要多,并且会增加施工、运送吊装时长,以致花费增多;下放技术要求高,增多定位船、导向船和锚定体系开支;如果河床岩面坑坑洼洼,着岩稳定难度系数较高;钻渣清理的困难程度增大;封底混凝土数量会增多;对于钢围堰来说,由于要着床,相对于钢吊箱需要的用钢量会增加很多,开支比较大;回收率不高,工期长。

(3)钢吊箱。优点:对于高桩承台,钢吊箱不需要着床,所用的钢材大大减少,节约开支;河床冲刷对钢吊箱的影响较小;钢吊箱对下放水位要求低,对施工工期的影响更小,工期更短;由于高桩承台不需要着床,故钢吊箱对河床的地质要求比较低;钢吊箱仅受水压力而不受主动和被动土压力。缺点:对于低桩承台,钢吊箱的下沉对河床的地质有较高要求;现场拼接焊接量大,施工质量不易保证。

(4)钢板桩。优点:能够快速进场,迅速形成围堰,当钻孔平台单侧成桩后即可开始钢板桩插打,围堰的拆除可直接拔除,钢板桩可以反复使用,市场租赁就能解决材料问题。缺点:现场焊接工作量较大,施工周期较长。

(5)锁扣钢管桩围堰。优点:围堰结构稳定,加工简单、快速,施工周期短;

可以使用轻型起重设备在桩基施工中同时插入钢管桩围堰;整体刚度大、刚性好,材料回收率高,平面布局适应性强,能较好地适应弱覆盖地层。缺点:锁扣处止水要求高,在岩石地层需采取辅助措施。

2. 围堰选型分析

进行深水钢围堰选型时一个重要的指标就是经济性指标。同一个围堰工程可能以上4种围堰结构形式都能保证施工安全与施工进度要求,但工程的具体条件往往决定了只有一种围堰形式能达到最优的综合效益。结构工程师如果了解各种影响钢围堰结构适用性的因素,就能节约方案比选的时间和费用。

(1)下卧土层情况:4种钢围堰结构中,钢板桩围堰都需要保证较大的入土深度,一般为桩长的$1/4\sim1/3$,因此,在下卧土层为硬岩土层时会大大增加施工难度和施工费用;双壁钢吊箱围堰和单壁钢吊箱围堰一般要求围堰底着岩(进入岩层或卵石层),因此,在下卧土层有厚实的软土层时反而可能降低其经济性。单壁和双壁的构造主要以钢围堰下沉的需要为依据进行设计。由于钢围堰质量轻,在入土较深的情况下仅靠自重难以下沉,需灌注配重混凝土,故而必须设置双壁结构;如果下沉较浅,借自重可以下沉,则可设计为单壁结构;如果在满足下沉需要的前提下,还要节省材料,可设计成单、双壁组合式结构。综上所述,在下卧土层为浅埋硬岩时,常采用钢吊箱围堰;在下卧土层为厚实软土层时,常采用钢板桩围堰;当下卧土层有软硬夹杂的情况时,可以采用钢管桩围堰。

(2)围堰挡水高度:单壁钢吊箱围堰由于其结构受力特点,其挡水高度不宜超过6 m,否则经济性会急剧下降;钢板桩可以反复使用,一般采取租赁方式取得,常用的钢板桩标准长度为12 m和18 m,钢板桩围堰内支撑设置间距一般为$2\sim3$ m,且内支撑设置不宜超过4道,否则影响施工周期,因此,钢板桩围堰的挡水高度一般不宜超过11 m;双壁钢吊箱围堰整体刚度大,一般采用分段隔舱式,压重下沉。在挡水高度较小时,由构造控制设计,反而经济性较差,因此双壁钢吊箱围堰适用于挡水高度大于8 m的深水围堰。

(3)水文条件:在水文条件中,影响围堰选型的主要是流速和河床冲刷。流速过大给单壁和双壁钢吊箱围堰的导向定位及围堰稳定接长带来较大的施工困难。河床冲刷会使迎水围堰侧外土层高度降低,背水侧外土层高度增高,从而影响围堰整体稳定性。对于钢板桩和钢管桩围堰,由于其入土深度较大,河床冲刷影响相对较小;而对于单壁钢吊箱围堰和双壁钢吊箱围堰而言,由于对入土深度要求较低,河床冲刷的影响则较大;在河床冲刷严重的情况下,单壁钢吊箱围堰和双壁钢吊箱围堰必须加大入土深度，或进行围堰抗冲刷处理。

(4)平面形状：深水围堰的费用随平面尺寸的增大而增加，因此，围堰平面应贴近承台平面形状并尽可能减小平面尺寸。各种围堰适用的平面形状各不相同，钢板桩围堰平面形状应尽可能布置成矩形；单壁钢吊箱围堰通常采用圆形的平面形状；双壁钢吊箱围堰一般布置成圆形、椭圆形或正多边形的平面形状。

(5)场地及运输条件：常用的运输方式包括水上运输和陆上运输，钢板围堰和钢管桩围堰结构构件尺寸比较大，对于运输工具要求较高，一般采用水上船舶运输，且材料堆放要求场地较大。钢套箱或钢吊箱围堰可在工厂分段加工，现场进行拼装，构件体积较小，对于运输工具和场地要求较低。可采用公路运输和水上运输。

(6)钢围堰经济性分析。

1)用钢量分析。以彭溪河特大桥承台施工要求为基准，估算4类围堰所需用钢量。主要计算参数是承台尺寸(31.3 m×22.3 m)和挡水高度。因围堰类型不同，施工条件有所差异，为保证用钢量的可比性，钢吊箱围堰以正常水位高度计算其用钢量，高度取值30.9 m。其他三种需沉底围堰则应考虑低水位下放高度来计算用钢量，高度取值33 m。

$$V=V_1+V_2 \tag{4-1}$$

$$m=\rho\times V \tag{4-2}$$

式中　V——钢围堰总用钢量体积，V_1和V_2分别为钢围堰和内支持用钢量体积；

　　　ρ——围堰所用钢材密度，取值为$\rho=7.85\ g/m^3$；

　　　m——围堰用钢总量。

2)施工周期分析。施工周期主要考虑围堰运输、安装以及下放所需时间。此外还需考虑围堰下放时间段，例如，钢吊箱围堰可在正常水位时间段(2月份)进行下放，而其他三种钢围堰则需等到低水位时间段(5月份)进行下放，中间相差时间应考虑到施工周期中对比。

在进行钢围堰设计时，常将上面列举的四种钢围堰分为两种受力模型。一种是钢板桩、钢管桩围堰使用的平面构件受力分析模型；另一种是单壁吊箱钢围堰和双壁吊箱钢围堰使用的空间结构分析模型(图4-1)。从图4-1中可以看出，进行钢板桩与钢管桩围堰的结构分析时，是将单位长度钢板桩及单根钢管桩作为计算构件进行平面分析的，分析模型中将内支撑作为侧向位移约束支座(假定内支撑刚度足够大)，底部支座考虑弹性嵌固(入土深度足够大)。从图4-1中可以看出,单壁及双壁钢吊箱围堰一般采用板壳单元建立空间结构模型,底部支座考虑为简支。

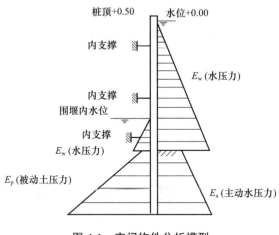

图 4-1 空间构件分析模型

彭溪河每年 4 月底至 9 月中旬有大部分时间水位在 160 m 标高以下,其他时间段内水位均在 160 m 高程以上,通常 10 月上旬至次年 2 月份,三峡库区蓄水位为最高水位,水位在 172~173.45 m,水位较高。10 号和 11 号主墩基础位于河床地势变化急的陡坡地段,且基本没有覆盖层。综合各方案在本项目条件下的施工难度、工程经济性以及施工工期等因素,最终选择钢吊箱围堰。

钢围堰类型的具体比选详见表 4-1。

表 4-1 钢围堰类型的具体比选

项目	钢板桩围堰	钢管桩围堰	钢套箱围堰	钢吊箱围堰
覆盖层	陆上或覆盖层较厚的浅水水域且平坦	覆盖层含有砾石、砂类、黏性土、碎石土等且平坦	覆盖层较薄或地基承载力较高且平坦	对覆盖层无要求
流速	≤2 m/s	≤2 m/s	>2 m/s	>2 m/s
水深	10 m 以内	宜控制在 15 m 内	宜控制在 30 m 以内	20 m 以上的超深水基础
用钢量	1 980 t	2 011 t	2 200 t	2 077.81 t
类型	低桩承台和陆上基坑	低桩承台和陆上基坑	中低桩承台	深水低中高桩承台

续表

项目	钢板桩围堰	钢管桩围堰	钢套箱围堰	钢吊箱围堰
难度	制作简单,难度较小	介于钢板桩围堰与钢套箱、钢吊箱围堰之间	制作复杂,难度相对较大	制作复杂,难度相对较大
周期	6个月	6个月	5个半月	4个月
结果	双壁钢吊箱围堰			

4.2 深水基础施工工艺

4.2.1 深水基础常见施工工艺

1. 钢吊箱拼装

钢吊箱围堰一般有工厂拼装和现场拼装两种方式。工厂拼装是指将钢吊箱在工厂进行整体拼装,然后通过船舶运送到施工现场,利用大型浮吊进行吊装;现场拼装是指将钢吊箱在工厂进行分节加工运输到施工现场,由专业焊接人员进行现场拼装。两种拼装方式别有以下特点:

(1)工厂拼装:由于拼装过程是在工厂完成,所以拼装过程可以在吊装前提前进行,故对现场工期无影响,而且可以减少现场焊接的工作量,焊接质量更有保障。但是由于事先拼装完成,故对运输设备要求更高,对浮吊设备的要求也更高,因为尺寸较大,所以需要工厂的加工场地大,而且其结构复杂,用钢量较大。

(2)现场拼装:因为每次运输和吊装是分块进行,所以对运输和吊装设备的要求更低,现场拼装的结构简单,用钢量相对较小,但是现场焊接工程量大,易受环境影响,其施焊质量不易保障。

2. 钢吊箱下放

钢吊箱的下放一般有分节下放和整体下放两种方式。钢吊箱分节下放是指将钢吊箱分为多节,第一节拼装完成后,下放第一节钢吊箱入水,然后拼装第二节钢吊箱,后面几节依次重复该过程,并加水下沉钢吊箱至设计位置;钢吊箱整体下放则是指将钢吊箱各结构在水面以上拼装成一个整体,然后将拼装成整体的钢吊箱下放至设计位置。两种下放方式的特点如下：

(1) 分节下放：分节下放因为应用比较多，故施工工艺成熟，而且分节下放在施工上更为方便。因为每节钢吊箱的质量小，故对下放设备要求更小，又因每次下放量小，所以下放的风险较小，安全性更有保障。但是，分节下放的施工工期相对整体下放稍长，整体质量稍差。

(2) 整体下放：因为要先整体拼装，故其整体刚度及质量相对较好，拼装速度较快；但是，因为整体质量较大，所以下放时对吊装设备要求更高，一次下放量大，风险系数较高。且对于超大规模的钢吊箱，整体下放应用较少，相关的施工经验少。

3. 千斤顶

在千斤顶选择中可采用穿心千斤顶整体下放，下放吊杆可为精轧螺纹钢，也可采用大型连续型千斤顶下放，型号可用 TS200-250，下放吊杆可为 $\phi15.2$ 钢绞线。对于这两种型号的千斤顶分别有以下特点：

(1) 传统 70 t 穿心千斤顶：此种千斤顶需要人工手动操作，每个千斤顶由一个人操作，操作较为烦琐，效率较低。且该种千斤顶在下放时也是手动操作，下放同步性不易保证。利用该种千斤顶下放是精轧螺纹钢受力，精轧螺纹钢受剪易断，对下放的同步性要求高，对工人操作精度要求高，控制难度大。在下放过程中，无法确定千斤顶的受力情况，最大受力为 700 kN，保险系数小。

(2) 350 t 连续千斤顶：此种千斤顶需要人工手动操作，每个千斤顶由一个人操作，操作较为烦琐，效率较低；但是，此种千斤顶下放过程可数控，数控连续，通过供油控制下放行程，且可以一个人操作，同步性更容易达到。下放过程主要由钢绞线受力，其抗剪强度较好，且下放过程中可通过连续油表的读数反算出千斤顶的受力情况，通过受力情况分析可及时调整受力不均匀单台千斤顶的下放行程，因此，其下放速度也是可调的。

4. 钢吊箱封底混凝土底模

钢吊箱封底混凝土底模根据材料的不同，可以分为钢板底模和钢筋混凝土底模。钢板底模一般先在后方按设计分块预制，然后在现场拼装焊接；钢筋混凝土底模一般可以在后方分块预制，现场吊装组合拼接。

(1) 钢板底模的优点和缺点。

钢板底模的优点如下：

1) 分块灵活，预制方便、快捷，适合做底面积大的钢吊箱的底模；

2)质量轻，强度高，拼装时对吊装设备要求不高；

3)焊接施工工艺相对简单；

4)预制时开口方便；

5)钢板防水性好。

钢板底模的缺点如下：

1)对焊接质量要求很高，现场环境对施焊质量影响大，焊接质量不易保证；

2)钢板虽然强度高但是刚度相对较低，为满足变形要求，需要设计龙骨；

3)封底混凝土浇筑之前需要进行止水处理。

(2)钢筋混凝土底模的优点和缺点。

钢筋混凝土底模的优点如下：

1)钢筋混凝土预制板的拼接对焊接的质量要求相对较低(焊接部位主要体现在钢筋的连接)，故受环境影响不大；

2)刚度相对较大，变形要求更易满足；

3)浇筑之前无须进行止水处理。

钢筋混凝土底模的缺点如下：

1)由于预制时模板形状不易满足要求，故在设计时，对钢筋混凝土底模的分块有较大的限制；

2)钢筋混凝土自重大，对吊装设备要求高；

3)为满足承载力和变形的要求，钢筋混凝土板的面积和厚度相互约束，钢筋混凝土用于小面积的钢吊箱底模才经济；

4)预制时需要预埋构件预留孔洞很多，而且对预埋位置的精确度要求高，预制难度大；

5)由于预埋构件多，对吊装下放的精准度要求更高。

5. 侧壁及节间连接

钢吊箱侧壁及节段间的连接方式通常有法兰连接与焊接。其中，法兰连接的方式有五种，平焊、对焊、承插焊、松套及螺纹，由于要充分发挥法兰连接的优势，规避焊接连接的劣势，用于钢吊箱的侧壁及节间连接的常为螺栓，故这里的法兰连接也被直接叫作螺栓连接。

法兰连接的优点是施工速度快，施工质量易保证，拆卸方便，密封性较好。但是法兰连接安装时要求两个法兰保持平行，法兰密封面不能碰伤，并且因其需保持清洗干净状态，使得其对存放、运输等环境要求较高。而且，在施工时对吊装精度要求高，并且预制时需要制作法兰盘等，对制作要求高。

焊接连接的优点是构造简单，加工方便，不需要制作法兰盘，对制作要求低且节约钢材。但是，焊接施工过程受环境影响较大，施工质量不易保证，并且后期拆除过程中需要多一步焊接切割作业。

4.2.2 深水基础施工工艺对比分析

1. 钢吊箱拼装

钢吊箱现场拼装和工厂拼装的优点及缺点见表4-2，下面综合施工难度、施工进度及经济性等因素，对两种拼装方式进行对比。

表4-2 钢吊箱拼装方式比选

施工工艺	优点	缺点
工厂拼装	交叉施工，节省工期，下放风险较小，减少现场焊接量，焊接质量好	对浮吊设备要求较高，吊箱所需要加工场地较大、结构复杂，钢材用量较大
现场拼装	对吊装设备要求较低、整体性和防水性较好、结构简单、钢材用量相对较小	整体下放时风险较大，现场焊接量较大，影响焊接质量
比选结果	现场拼装工艺	

从施工难度上看，工厂拼装的拼装过程在工厂进行，比在现场拼装焊接施工难度小，但是，在吊装时需要整体吊装，此时施工难度比现场拼装难度大，而且需要对钢吊箱进行整体运输，此时其运输难度也更大。故两者在施工难度上各有千秋。

从施工进度上看，工厂拼装过程对现场施工工期影响更小，只需要花费吊装过程所花费的时间，而现场拼装的方式则会对现场施工工期产生一定影响，但是少了吊装过程的时间。综合来看，选择工厂拼装的方式对施工工期的影响更小。

从经济性上看，工厂拼装对浮吊设备要求更高，故消耗设备租赁费用等更高，且工厂拼装的用钢量相对较大，材料消耗也更多；现场拼装对焊接施工要求高，人工消耗大，但工厂拼装时对工厂加工场地的要求更高。

本项目在施工工期上可以满足现场拼装的工期要求，综合经济性、施工难度等因素，故最终选择现场拼装。

2. 钢吊箱下放

结合现场情况，本项目钢吊箱的设计外观尺寸为31.3 m(长)×22.3 m(宽)×

30.9 m(高)，吊箱内外壁之间相距2.0 m，钢吊箱总质量为2 077.81 t，钢吊箱尺寸和质量都相当大。分节下放与整体下放各自的优劣势见表4-3。

表 4-3 钢吊箱下放方式比选

施工工艺	优点	缺点
分节下放	工艺成熟、施工较为方便、对下放设备要求相对较低、下放量小，下放风险相对较小，安全性有保障	施工工期稍长、拼装质量相对较差
整体下放	整体刚度相对较好、拼装速度快，有利于缩短工期，质量相对有保障	对于吊装设备要求较高、下放质量大，风险系数高、超大规模吊箱下放技术经验少
比选结果	分节下放工艺	

下面对分节下放和整体下放两种施工工艺在施工难度、安全性、施工进度及经济性方面进行对比。

从施工难度上看，分节下放每次下放量小，工艺成熟，施工难度小；整体下放一次下放量大，且相关施工经验少。本项目钢吊箱尺寸超大，整体下放施工难度超大；钢吊箱对下放后的标高要求较高，而分节下放可以在每次下放的时候都对钢吊箱的标高进行调整，因此，在对钢吊箱下放标高的控制上，分节下放方式更为容易。因此，选择分节下放施工难度更小。

从安全性上看，由于钢吊箱整体尺寸大，整体质量大，一次下放量大，风险系数极高；而分节下放很好地避免了这个问题，每次下放量小，且下放工艺成熟，相关经验多。所以，选用分节下放安全性更高。

从使用进度上看，分节下放每节下放过程中都会有一些相同的工作，而整体下放是事先整体拼装然后整体下放，所有工作集中完成，所以分节下放的施工工期稍长。故而选择整体下放施工工期更短。

从经济性上看，整体下放对设备要求更高，租赁成本也会相应增加，但是分节下放对吊装设备的要求更低，因此每次吊装消耗成本更小，考虑每个钢吊箱需吊装多次，故两种下放方式在设备消耗上差不太多；但是，由于钢吊箱整体尺寸大，整体吊装方式在焊接过程中的施焊难度更大，故人工成本会增加。所以，选择分节下放方式在经济上更有优势。

综上所述，本项目选择分节下放的可行性更高。

3. 千斤顶

根据彭溪河项目现场实际情况，对两类千斤顶在人员配备、下放同步性、受力构件、实时受力情况以及下放速度等方面进行对比，见表4-4。

表4-4 千斤顶比选

项目	传统70 t穿心千斤顶	350 t连续千斤顶
人员配备	人工手动，一顶一人，操作烦琐，效率低	人工手动，一顶一人，操作烦琐，效率低
下放同步性	手动操作下放，8个吊点的行程同步控制难度大，同步性很难保证，且有1个护筒2个吊点的情况，同步性不好，易产生钢吊箱单点受力过大、变形等事故	数控连续，通过供油控制下放行程，单人操作，同步进行，同步性更好
受力构件	精轧螺纹钢受剪易断，对下放的同步性要求高，对工人操作精度要求高，控制难度大	钢绞线单顶选取21根，单根受力按180 kN考虑，设计考虑单个吊点受力约400 kN，保险系数高达2.7，且钢绞线抗剪性能明显优于精轧螺纹钢，单台千斤顶最多可穿19根钢绞线，安全系数可调
实时受力	无法确定千斤顶的受力情况，最大受力700 kN，保险系数小	可通过连续油表的读数反算出千斤顶的受力情况，通过受力情况分析可及时调整受力不均匀单台千斤顶的下放行程
下放速度	受人工操作效率的影响	机械操作，速度可调，最快6 m/h

综上所述，连续型千斤顶在同步性及安全系数上相较于传统的穿心千斤顶有较明显的优势。因此，本项目最终选择了连续型千斤顶。

在彭溪河钢吊箱下放中，底板拼装焊接成整体后进行提升下放系统（钢吊箱围堰下放主要承重部件）安装，共计4套。每套提升系统由两个350 t连续千斤顶、2×21根$\phi 15.2$(1 860 MPa)钢绞线、支撑梁（HN700×300）及下吊挂梁（钢板加工）组成。提升系统平面布置图如图4-2所示。

4. 钢吊箱底模

本项目承台平面外轮廓尺寸为27.2 m×18.2 m（横桥向×顺桥向），圆端半径为12.35 m。双臂钢吊箱设计外观尺寸为31.3 m(长)×22.3 m(宽)×30.9 m(高)，吊箱内外壁之间相距2.0 m，尺寸太大。承台下有18根桩，如图4-3所示。

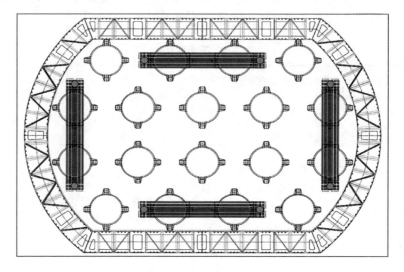

图4-2 提升系统平面布置图

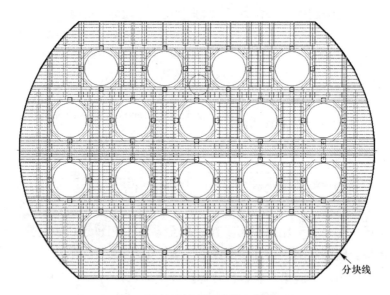

图4-3 彭溪河项目底模平面图

本项目钢吊箱底模面积大，分块很复杂，各分块形状各异且分块数较多。

从预制难度看，混凝土底模预制时不易形成形状各异的分块，且其预留孔洞要求高，预制难度相当大，而钢板底模分块灵活，预制方便、快捷，适合做底面积大的钢吊箱的底模,故选择钢板底模更好。

从施工难度上看,混凝土底模钢筋混凝土自重大,对吊装设备要求高,且混凝土底模的预埋构件多,故拼装时对精度要求高,施工难度大;而钢板底模质量轻,强度高,拼装时对吊装设备要求不高,且焊接施工操作相对简单。故选择钢板底模施工难度更小。

从经济性上看,因为本项目底模面积大,为保证承载力和变形要求,混凝土底模的厚度需要做得很厚,且对吊装设备的要求很高;而采用钢板底模则只需要加龙骨就可以很好地提高底模承载力和控制其变形,并且对吊装设备要求更低。因此,选择钢板底模经济性更好。

从施工速度上看,由于混凝土底模质量大,且预制构件中预埋构件多,对吊装时的精度要求很高,故施工速度不快;钢板底模需要进行焊接,以及进行止水措施,故施工速度也不够快。因此,在施工速度方面,两者都差不多。

从安全角度考虑,混凝土底模质量大,对吊装要求高;而钢板底模质量相对较轻,吊装难度不大,故在吊装时的危险因数更小。因此,选择钢板底模更为安全。

综合来看,本项目采用钢板底模效果最好。

5. 侧壁及节间连接

由上述内容可知,法兰连接对运输和储存要求高,而如此大体量的侧壁在运输和储存过程中难免会出错,加之施工现场环境情况比较复杂,难以保证其密封面的质量,并且用于法兰连接的侧壁对制作的精度也有很高的要求,这也会增加侧壁制作时间和造价。此外,法兰盘会增加钢材的使用,并且法兰盘对现场操作空间有一定的要求。而用于焊接的侧壁对制作过程和运输储存要求不高,这可以大大减少其制作时长和造价,只要聘请技术较好的专业焊工就可以较好地解决施工质量问题。

从现场施工条件来看,由于本项目现场情况比较复杂,因此在运输和储存上不易保证用于法兰连接的侧壁板的质量,而焊接用侧壁板对此要求相对较低,故选用焊接连接较好。

从经济性上看,法兰连接对侧壁板制作精度要求更高,且需要的钢材更多,而焊接用侧壁板对制作精度要求相对较低且更节省材料,故选择焊接连接经济性更好。

从施工进度上看,由于采用现场拼装,各侧壁板可以在工厂先预制完成,故两者对施工进度的影响均不大。但是,由于法兰连接对侧壁板制作过程要求更高,故其制作时长更久，因此其影响工期的可能性远大于焊接。故选用焊接的方式对施工进度影响的可能性更小。

综上所述，彭溪河钢吊箱侧壁及节间连接方式采用焊接有明显的优势。

本项目钢吊箱底模选用钢板底模，钢吊箱在加工场由 30 t 平板车运输至码头转驳船水运，采用 1 台 1 000 t 驳船水上运输至桥位附近，再由 80 t 履带式起重机吊装至桥位处进行现场拼装作业，拼装时各分块连接方式采用焊接，高度方向分为四节(其中第一节高 7 500 mm、第二节高 7 500 mm、第三节高 7 500 mm、第四节高 8 400 mm)，每节现场拼装完成后进行分节下放。

第 5 章　三峡库区水上超高栈桥技术

三峡库区河流常年受到水位变化造成的河床侵蚀，使河床陡峭、基岩裸露，导致栈桥的钢管桩高度较大、锚固施工困难，易为栈桥后期使用埋下安全隐患，严重时可能引发灾难性事故。本项目拟选取超高栈桥钢管桩为研究对象，根据河床陡峭程度、基岩类型，研究钢管桩入岩过程的受力及变形规律，提出钢管桩合理的入岩深度；研究钢管桩与混凝土锚桩连接段的受力机理，提出连接段高度确定方法；对钢管桩抗拔力影响参数进行分析，建立混凝土锚桩抗拔力的计算方法；根据钢管桩入岩过程受力规律和导向架沉桩技术，研究钢管桩底部偏位的控制方法，提出钢管桩平面准确定位的施工措施；根据确定的钢管桩入岩深度，优化钢管桩锤击工艺；研究钢管桩内水下混凝土浇筑工艺，提出保障水下混凝土密实度的施工措施，从而建立栈桥混凝土锚桩成套施工技术。项目研究成果丰富并创新钢管桩锚固施工技术，为三峡库区栈桥钢管桩施工提供了可行的技术支撑，具有重大的工程应用价值和意义。

栈桥是桥梁主体结构施工期间的临时性辅助结构，上部结构多采用贝雷梁，基础多采用钢管桩，因钢管桩具有质轻、施工方便、抵抗弯矩能力强、方便施工（可用振动锤插打）等特点，应用较为广泛。作为施工期间关键的临时性辅助结构，施工前桥梁施工方会针对栈桥进行结构设计，制定施工方案，并组织专家进行审查，从技术和施工组织上保障栈桥安全，从而积累丰富的栈桥施工建设经验。对于河床基岩裸露、河床陡峭地区，栈桥钢管桩施工过程中仍会出现钢管桩振动锤插打困难、入岩深度不足、钢管端部易局部破损等问题，影响栈桥的整体稳定性，威胁栈桥使用安全。为此，国内外学者开展了大量研究工作，取得了丰硕的成果。

为解决河床基岩裸露、河床陡峭等不利工程环境给栈桥钢管桩施工带来的问题，工程技术人员开发了全旋转打桩船法、栈桥"钓鱼"打桩法、自升式施工平台打桩法、吊船辅以导向架打桩法等钢管桩锤插打技术，并发明了人造覆盖层锚固法、板凳桩锚固法、混凝土锚固桩法等钢管桩锚固技术，解决了基岩裸露造成的栈桥钢管柱锤插打困难、入岩深度不足的问题，提高了栈桥钢管桩的稳定性，保障了栈桥施工安全。这些技术和方法已在跨江海桥梁栈桥施工中得到了广泛的应用，但总体而言，由于栈桥钢管桩作为一种临时性辅助施工结构，与桥梁主体结构的永久性桩基比较，无论在理论还是技术层面上都存在研究不够深入的问题，主要体现在以下两个方面：

(1) 河床基岩裸露、河床陡峭等不利工程环境对栈桥钢管柱的稳定性、安全性影响规律分析不明确，造成栈桥钢管桩锚固方法的选择缺乏针对性，实际锚固效果不佳。

(2) 现有钢管柱锚固方法的确定带有较强的经验性，无针对临时栈桥钢管桩锚固的计算方法和规范、标准可以参考，钢管桩与锚固结构的受力原理不清，造成不能确定钢管桩锚固方法对栈桥结构安全性的影响，为栈桥的使用埋下安全隐患。

因此，本项目拟根据复杂工程环境对栈桥钢管桩施工带来的影响，通过对钢管桩锚固技术计算方法的研究，建立针对河床裸岩陡峭地区栈桥钢管桩锚固技术，为跨江河桥梁栈桥的施工安全提供可靠的技术支撑，从而保障桥梁建设的顺利实施，并可进一步推广到全国栈桥施工及其他水工结构物下部结构的施工中，具有现实意义。

5.1 钢管桩锚固方法研究

随着三峡库区交通建设的大力提速，跨江桥梁数量猛增，栈桥、桥墩施工平台等辅助施工设备的安全也越来越受到重视，而下部结构的安全则直接影响栈桥、桥墩施工平台等辅助设施安全。三峡枢纽工程在正常蓄水后，因为水库水位的提高会淹没河谷低地，使两岸地势更加陡峭，库区水位每年涨落可达 30 m 左右，库水对两岸的侵蚀强度增加，导致库水对两岸的侵蚀程度比自然洪水对两岸的侵蚀程度增强 100 倍，形成了三峡库区除了宽厚的堆积阶地以外，都是基岩裸露或碎石堆积的现状。在无覆盖层陡峭河床中栈桥钢管桩生根困难，难以与岩石形成可靠连接，在洪水运动下容易发生整体倾覆，因此，通常通过对岩层表面进行处理，来实现栈桥下部结构桩基的可靠锚固。根据施工工艺的不同，常用的锚固技术主要有人造覆盖层锚固法、板凳桩锚固法、混凝土锚固桩法。

(1) 人造覆盖层锚固法。采用水下爆破或抛填土袋形成人造覆盖层，再将桩基插打入人造覆盖层中，达到稳定下部结构桩基的目的。但是，人造覆盖层锚固法施工需较长施工工期及成本,并且需在工程施工完成后进行河床清理,工作量很大。同时,爆破后的岩体以及抛填土袋的物理力学性能参数难以准确计算,结构施工期间的安全性和整体稳定性难以保证。黄怀朋针对桩基底部与人造覆盖层之间的连接形式对栈桥的影响,通过在人造覆盖层中使用短桩形式修建钢管桩基础水上栈桥和平台,采用"拉列琴假定"计算入岩深度,分析了铰结、固结等不同边界条件下栈桥的整体稳定性。结果表明,栈桥整体实际稳定性介于这两种边界条件计算结果之间,同时增加了水中栈桥桩之间的连接系,保证了栈桥施工过程中的安全性和可靠性。但是,目前针对人造覆盖层的物理力学性能仍难以有准确的计算。同时,由于三峡库区蓄水对人造覆盖层的侵蚀,仅凭人造覆盖层的约束很难满足钢管桩的稳定性要求。

(2)板凳桩锚固法。采用双排钢管桩焊接成一个稳固的板凳形式,每根钢管桩长度根据地形确定,顶部平整放置纵梁,桩身上部通过焊接剪刀撑和横梁连成整体,最后放置下横梁,钢管桩采用模具定位,使每根钢管桩可以自由下沉。当沉至水底不动后,将钢管桩进行垂直度和平面位置定位,焊接平联和剪刀撑加固,使其成为一个板凳的形式,然后在桩周身抛掷沙袋,从桩内灌注水下不分散混凝土,混凝土从管口向外流,与桩周围沙袋形成一个整体。使用板凳桩锚固法,栈桥可满足使用需求,但抵御汛期洪水的能力差,钢管桩横向承载力难以满足要求;同时,混凝土与沙袋之间的粘结极易受到超深水位水流的侵蚀,容易被冲垮。张战凯等为进一步提高板凳桩锚固法的稳定性,采用在钢栈桥的顶部设置水平悬索,悬索锚固于已完成的钻孔桩钢护筒或者主体结构的墩柱上,在流水压力下使吊杆与桩顶的连接自动破坏,防止栈桥主体结构发生破坏,提高了抵抗流水压力的能力,但是悬索只能在主体结构钻孔桩完成后施作,因此必须在洪水期以前做好悬索。板凳桩锚固法+悬索锚固虽然可以很好地满足施工稳定性要求,但是钢管桩底部仍然没有形成牢固的整体,在洪水冲击以及超深水位水流侵蚀下仍存在整体倾覆的风险。

(3)为了防范三峡库区蓄水对钢管桩底部锚固的侵蚀,目前在超深水位下通常采用混凝土锚固桩法。混凝土锚固桩法即通过"冲击钻成桩"法对钢管桩底部进行处理,下放锚桩钢筋笼并完成混凝土浇筑,在岩层与钢管桩内部形成混凝土锚桩,达到与基岩固结的目的。对于无(浅)覆盖层的河床,确定栈桥入岩(土)锚固深度至关重要。王东辉等结合《公路桥涵地基与基础设计规范》(JTG 3363—2019)等规范中计算锚固桩入岩深度方法,分析了在地质资料不够明确的条件下,锚固桩的入岩深度,与岩层接触长度根据计算需要的上拔力确定,与钢管桩接触长度由上拔力计算所需粘结长度确定。同时，混凝土锚桩由于自重大，形成桩底配重。混凝土锚桩法使得钢管桩和基岩形成一个牢固的整体，同时，由于钢管桩和基岩的保护作用，可有效减少三峡水库蓄水对混凝土的侵蚀，保证了钢栈桥的施工安全。

5.2 水位大幅升降条件下栈桥桩基整体稳定性

5.2.1 水位大幅升降条件下栈桥单桩基受力

经广泛收集相关资料，栈桥钢管桩可采用海利动力打桩公式按打入贯入度计算单桩竖向承载力。此计算方法已通过梧州码头三期工程、印尼马都拉海峡大桥等项目实证是可行的。海利动力打桩公式如下：

$$R_u = \frac{Whef}{S+C/2} \times \frac{1}{1+p/W} \tag{5-1}$$

式中 R_u——桩最大承载力(kN)；

　　　W——锤芯(冲击体)重力(kN)，查看资料数据为 136 kN；

　　　h——冲击行程(mm)，能量 150 kJ 时为 1 102.5 mm；

　　　S——收锤时最小贯入度(mm)，取停锤平均贯入度 4 mm；

　　　p——(桩＋桩帽＋砧)的总重力(kN)，取 850 kN；

　　　C——反弹总量(mm)，为 $C_c+C_p+C_q$ 之和；

　　　C_c——砧的反弹量(mm)，3 mm，砧为桩锤与桩帽间的缓冲垫层，常采用废旧钢丝绳制作；

　　　C_p——桩身的反弹量(mm)；

　　　C_q——桩端土体弹性压缩量(mm)；

　　　e——液压锤的效率系数，参照研究资料取 2.51；

　　　f——不同液压锤的特性系数，参照研究资料取 1.732。

5.2.2 水位大幅升降条件下栈桥单桩基稳定性

钢管桩承受的水流力与直径成正比，波浪力与直径约成平方关系，而由悬臂单桩的横向位移计算公式 $f=PL^3/(3EI)$ 和圆形截面的惯性矩 I 可得，横向刚度与钢管桩径成四次方关系。因此，对于深水、浪高、流急等水域，采用大桩方案可以有效地解决栈桥横向刚度的问题。按规范要求，墩台使用阶段抗倾覆稳定系数 K 不应小于 1.5，施工阶段 K 不应小于 1.2。栈桥作为临时结构，设计时 K 值采用如下标准判定：在 20 年一遇工况下，栈桥的横桥向 K 值不小于 1.5；100 年一遇工况下，栈桥横桥向 K 值不小于 1.3。栈桥下部结构设计时主要考虑以下四种措施。

(1) 设计上采用更大配重的混凝土桥面板。

(2) 加大栈桥横桥向的桩间距。栈桥横桥向单排钢管桩采用两根桩，桩间距为 9.0 m。当桩间距再增大时，分配梁需采用新制钢箱梁，经济性差。

(3) 栈桥钢管桩与钻孔平台钢管桩通过桩间连接系焊接成整体。此项措施可明显调整栈桥钢管桩与钻孔平台钢管桩之间的弯矩重分配，从而减少栈桥钢管桩因水平力引起的上拔力。

(4) 当部分浅、无覆盖层区域的栈桥抗倾覆稳定性仍不满足要求时，可在钢管桩内设置混凝土锚桩。混凝土锚桩设置于岩层与管桩内部。与岩层接触长度根据计算需要的上拔力确定入岩深度；与钢管接触长度由上拔力计算所需粘结长度确定。同时，混凝土锚桩由于自重大，形成桩底配重。

5.2.3 水位大幅升降条件下栈桥桩基整体受力分析

下部结构的计算包括钢管桩的横向位移、强度、稳定性及竖向承载力，除横向位移外，其他计算内容较为常见，不做详细介绍。钢管桩在水流力及波浪力作用下的横向位移 Δ 是下部结构的计算重点，该位移主要由钢管桩的横向刚度、锚固桩在不同地质的锚固深度决定。

(1) 钢管刚度：引桥的横向位移钢管在水流力、波浪力作用下，锚固桩顶作为钢管的固结点，得到钢管刚度引桥的横向位移 Δ_1。

(2) 锚固深度：引桥的横向位移锚固桩顶受到钢管传递的水平力及弯矩，锚固桩顶产生位移 Δ_2、转角 ψ。采用 m 值法计算，首先根据地质情况、刚度系数 T 判别桩的类型；根据弹性长桩锚固点计算公式及锚固桩嵌岩深度计算公式计算锚固深度；根据锚固深度及地质情况计算桩顶位移 Δ_2、转角 ψ。弹性长桩锚固点计算公式为

$$t = \eta T = \eta^5 \sqrt{\frac{E_p I_p}{m b_0}} \tag{5-2}$$

式中　t——受弯嵌固点距泥面深度(m)；

　　　η——系数，取 1.8~2.2；

T——桩的相对刚度特征值(m);

b_0——桩的换算宽度(m);

m——桩侧地基土的水平抗力系数随深度增加的比例系数(kN/m^4);

E_p——钢管的弹性模量(N/mm^2);

I_p——钢管的惯性矩(m^4)。

锚固桩嵌岩深度计算公式为

$$h \geqslant \sqrt{\frac{M_H}{0.0655\beta f_{rk} d}} \quad (5-3)$$

式中 h——桩嵌入基岩中的有效深度(m);

M_H——在基岩顶面的弯矩(kN·m);

β——系数,取 0.5~1.0;

d——桩径(m);

f_{rk}——岩石的饱和抗压强度(Pa)。

(3)桩顶横向位移:

$$\Delta = \Delta_1 + \Delta_2 + \psi h_1$$

式中 Δ——桩顶横向位移(m);

Δ_1——钢管刚度引桥的横向位移(m);

Δ_2——锚固桩顶的横向位移(m);

ψ——锚固桩的转角(rad);

h_1——锚固桩顶至钢管桩顶高度(m)。

5.2.4 水位大幅升降条件下栈桥桩基整体稳定性

通常认为,水流流速在垂直面上呈抛物线分布,其重心位置为 3/5 水深处,其曲线方程为

$$v = v_{\max} \left(\frac{h}{H}\right)^n$$

$$F_w = KA \frac{\gamma v^2}{2g} \quad (5-4)$$

式中 $v_{\max}$——水面上的流速;

H——总水深;

n——常数,由水流性质、河床性质等多种因素确定,取值范围常为 1/10~1/4;

γ——水的重力密度;

v——设计流速;

A——阻水面积;

g——重力加速度;

K——桥墩形状系数。

通过倒三角水流荷载简化模型,根据力平衡微分方程推导钢管桩在考虑几何非线性条件下垂直度偏位计算公式,并根据规范提供的方法进行优化,主要结论如下:钢管桩垂直度偏位受钢管桩高度和水流荷载作用影响很大,随着钢管桩高度和水流速度的增加,钢管桩偏位呈非线性上升趋势。计算结果表明,钢管桩受几何非线性影响显著,且随着轴压比的增加,几何非线性的影响更加明显,因此,在钢管桩垂直度偏位计算时必须考虑 P-Δ 效应的影响;在实际工程中,考虑几何非线性的钢管桩垂直度偏位计算公式更精确、更符合实际情况,但是倒三角水流荷载计算公式较为复杂,在实际工程中应用不太方便,因此,本书针对多种因素作用下倒三角水流荷载的钢管桩垂直度偏位计算公式进行优化。从书述分析可以看出,轴压比对钢管桩垂直度偏位值的影响很大,因此,施工过程中,在超深水期以及三峡水库泄洪时应严格控制施工荷载以及监测钢管桩垂直度偏位的变化,降低几何非线性对钢管桩垂直度偏位值的影响程度,保障施工安全。

5.3 栈桥

5.3.1 钢栈桥设计

施工栈桥设置在线路右侧,其中,郑州侧(小里程方向)栈桥长为60 m,跨度为(12+9+6+3×9+6)m,宽度为900 cm,栈桥桥面标高为175 m,钢管桩采用 ϕ1 000 mm×12 mm钢管,单排设置两根钢管桩,钢管桩横向间距为630 cm并采用 ϕ630×10 mm钢管连接成整体,桩顶设置双拼工40b作为横梁,横梁上布置贝雷梁,横向间距采用90 cm、45 cm化窗连接,贝雷梁上铺设工18b分配梁,间距为225 mm,最后铺设5.75 mm厚花纹钢板。

万州侧(大里程方向)栈桥长87 m,跨度4×12+6+3×9+6(m),宽度900 cm,栈桥桥面标高175 m,钢管桩采用 ϕ1 000 mm×12 mm钢管,单排设置两根钢管桩,钢管桩横向间距630 cm,并采用钢管 ϕ630 mm×10 mm钢管连接成整体,桩顶设置双拼工40b作为横梁,横梁上布置贝雷梁,横向间距采用90 cm、45 cm化窗连接,贝雷梁上铺设工18b分配梁，间距为225 mm，最后铺设5.75 mm厚花纹钢板。

彭溪河多线特大桥钢栈桥设计图如图5-1所示。

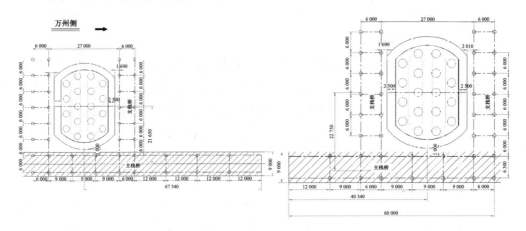

图5-1　彭溪河多线特大桥钢栈桥设计图

5.3.2　计算准则

施工栈桥设计满足罐车双向及150 t履带式起重机通行，禁止罐车和履带式起重机同时在一跨通行，车辆限速10 km/h。

150 t履带式起重机起吊12 m单节钢管桩时，作业半径不能超过50 m。钢吊箱组拼过程中，150 t履带式起重机在栈桥桩顶上侧吊钢吊箱构件，严禁在跨中侧吊钢吊箱构件。

施工现场风速超过6级时，应立即停止施工，并将栈桥上150 t履带式起重机和混凝土罐车撤离；水流流速达到1.5 m/s时，鉴于栈桥桩顶位移较大，现场应停止施工。

5.3.3　荷载工况

施工栈桥工作状态中以10 m³混凝土罐车、150 t履带式起重机行走为主要控制荷载，计算按以下四种工况组合进行验算：

工况一组合：10 m³混凝土罐车+结构质量+行人载荷+管道载荷+风载荷+水流。

工况二组合：150 t履带式起重机行走+结构质量+行人载荷+管道载荷+风载荷+油压。

工况三组合：150 t 履带式起重机 12 m 钢管桩＋侧向载荷＋结构载荷＋行人载荷＋管道载荷＋风载荷＋油压。

工况四组合：150 t 履带式起重机桩顶上的 50 t（在平台区域）＋结构质量＋施工人员载荷＋风载荷＋水流力。

工况五组合（非工作状态）：结构自重＋风载＋水流力（流速达 2 m/s）。

载荷类型见表 5-1。

表 5-1 载荷类型表

部位	恒载	活载
栈桥	结构自重：按实际自重取值	1. 汽车载荷：公路 I 级。车辆限速 10 km/h。 2. 罐车载荷：10 m³ 双向罐车通行。 3. 150 t 履带式起重机：接触面积，2－7 200 mm×1 100 mm；100 t 履带式起重机：接触面积，2－6 850 mm×950 mm。 4. 管线载荷：2.0 kN/m。 5. 行人载荷：2.5 kN/m²。 6. 风载荷。 7. 水流力。 8. 钢筋笼运输车辆，汽车式起重机型号 QY25 长 9.6 m，起重量 23.5 t；钢筋笼每节长 12 m，质量 3.2 t。 9. 55 t 钻机运输车辆。 10. 30 t 混凝土泵车 1 台。 11. 55 t 挂篮及模板运输车辆

5.3.4 结构验算

使用 Midas Civil 有限元分析软件进行施工机架计算，以便建立完整的机架结构模型。钢管桩、梁、贝雷梁和分配梁使用梁单元，桥面板被建模为板单元，桩的底部被加固，其他单元被弹性连接。

5.3.5 强度与刚度验算

工况一、二作用下，10 m³ 混凝土罐车走行跨中时最不利；工况三作用下，150 t 履带式起重机桩顶侧吊 12 m 钢管桩 3.6 t；根据力矩平衡计算，外侧履带承受最不利总载荷的 75％，内侧履带承受最不利总载荷的 25％；工况四，钢吊箱组拼过程中，150 t 履带式起重机站立在桩顶侧吊 50 t 钢吊箱构件，根据力矩平衡计算，外侧履带承受最不利总载荷的 70%，内侧履带承受最不利总载荷的 30%；工况五为非工作状态。

工况一至工况五具体计算结果见表 5-2。

表 5-2　计算结果一览表

项目 工况	贝雷梁内力/kN			应力/MPa				变形/mm		
	主弦杆	竖杆	斜杆	钢管桩	双拼I40b	I20b	面板	双拼I40b	贝雷梁	桩顶位移
工况一	278.7	69.7	65.9	69.4	71.7	95.8	166.7	4.6	10.9	110.3
工况二	316.6	129.6	122.7	79.5	115.4	105.1	148.5	5.7	14.9	110.0
工况三	380.3	178.9	158.3	67.4	114.0	96.8	166.1	5.4	15.3	106.7
工况四	264.2	193.4	143.2	78.9	143.4	66.6	30.1	6.9	8.6	107.1
工况五	24.1	17.8	14.3	167.5	18.6	5.2	2.6	2.7	2.8	164
允许值	560	210	171.5	215	215	215	215	15.75	22.5	240

5.4　不同锚固方式对比

5.4.1　人造覆盖层中钢栈桥受力机理

裸岩河床中，钢管桩插打困难，很难达到相应深度，稳定性难以保证。因此，可通过爆破船，在栈桥钢管桩设计处采用定点水下爆破，将岩石充分粉碎后的石渣作为人造覆盖层。但是，通常设计时是将覆盖层视为完整岩体，未考虑岩石由于爆破冲击作用引起的岩层物理力学指标的变化。因此，爆破后的岩体物理力学性能难以准确计算，为了对结构施工期间的安全性和整体稳定性进行分析，可将桩的底部边界条件按照铰结和固结两种方式计算，实际情况介于这两者的计算结果之间。

5.4.2　板凳桩基础钢栈桥受力机理

板凳桩基础采用双排钢管桩焊接成一个稳固的板凳形式，每根钢管桩长度根据岩层基础确定，顶部平整放置纵梁；桩身上部剪刀撑和横梁通过焊接连成整体，然后放置下横梁。"钢板凳桩法"需要在每个栈桥墩底采用双排钢管桩，钢管桩通过导向架进行精度定位，使每根钢管桩能够自由沉降，当钢管桩沉至水底不动后进行垂直度定位，焊接平联和剪刀撑进行加固，使其成为一个板凳的形式；然后，在桩身周边抛掷沙袋，从桩内灌注水下不分离混凝土，混凝土从管口向外流，与桩周围沙袋形成一个整体，板凳桩在施工中很难形成固结体系，因此，在建模分析时应将桩的底部边界条件按照铰结进行计算。

5.4.3 混凝土锚桩钢栈桥受力机理

当浅、无覆盖层区域钢管桩打入基岩困难，受岩层面不平及球状凸起等影响，稳定性差，钢栈桥抗倾覆稳定性无法满足要求时，可以通过冲击反循环成孔方式在钢管桩内设置混凝土锚桩，混凝土锚桩设置于岩层与管桩内部，达到与基岩固结的目的。与岩层的接触长度可根据计算所需的抗拔力来确定；与钢管的接触长度可由抗拔力计算的所需粘结长度确定。同时，由于混凝土锚桩自重较大，形成桩底配重，可提高钢管桩的抗倾覆能力，因此，在模型中可将混凝土锚桩锚固方式按照固结进行模拟。

5.4.4 不同锚固方式对比

通过 Midas 有限元软件，分别对人造覆盖层、板凳桩基础及混凝土锚桩三种锚固方式进行对比。由于人造覆盖层中桩底部边界条件难以确定，因此仅将板凳桩基础按照底部铰结及混凝土锚桩按照底部固结建立模型进行分析，人造覆盖层的桩底部边界条件介于固结和铰结之间。

因本栈桥位于 U 形河床，钢管桩长度不同，从 20 m 向河中每跨递增，最长达 65 m，钢管桩采用 $\phi1\,000$ mm×12 mm 钢管，单排设置两根钢管桩，钢管桩横向间距为 6.3 m，纵向间距有 6 m 和 9 m 两种。为了加强施工栈桥钢管桩的整体稳定性，钢管桩横向之间采用钢管 $\phi630$ mm×10 mm 连接成整体。其平面布置图如图 5-2 所示。桩顶设置双拼 I40b 作为横梁，横梁上布置贝雷梁，横向间距采用 90 cm、45 cm 花窗连接，贝雷梁上铺设 I20b 分配梁，间距为 352.5 mm，最后铺设 10 mm 厚花纹钢板。

通过对不同高度、不同锚固方式的单跨钢栈桥进行建模分析，拟采用 30 m、40 m、50 m 及 60 m 四种不同高度的单跨钢管桩进行对比分析，钢管桩横向间距为 6.3 m，纵向间距分别为 6 m 及 9 m 两种形式，水流速度分别取 0.94 m/s、1.5 m/s、2 m/s。为保证横向联结的稳定性，从钢管桩桩顶开始每隔 5 m 布置，如图 5-2 所示"Z"形构件，共布置三层，钢管桩底部分别按照固结和铰结约束，有限元模型计算结果如图 5-3、图 5-4 所示。

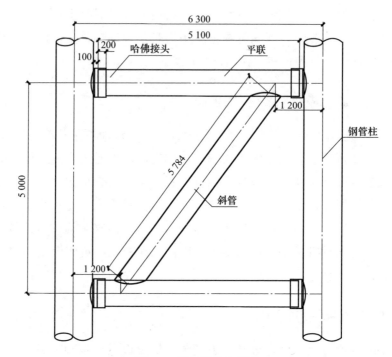

图 5-2 横向联结布置图

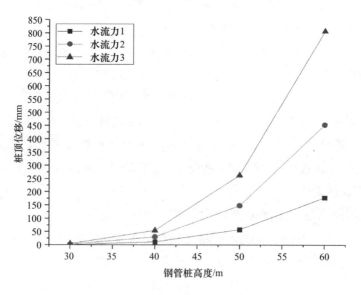

图 5-3 底部铰结桩顶位移图

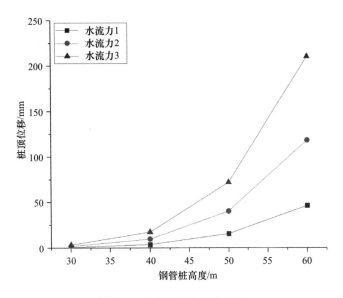

图 5-4 底部固结桩顶位移图

从图 5-4 中可以看出，随着钢管桩高度的增加，底部固结可以大幅度地降低桩顶位移；同时，由于水位较高以及水下焊接的不便，钢管桩之间的连接件不能无限向下布置。人造覆盖层及板凳桩基础因为地质条件的限制，很难在桩底形成稳固的锚固体系，因此，在超深水位条件下，混凝土锚桩更易在桩底形成固结体系。相同水流条件下，底部铰结与固结产生的顶部位移的比值见表 5-3。

表 5-3 相同水流条件下，底部铰结与固结产生的顶部位移的比值

高度	30 m	40 m	50 m	60 m
铰结/固结	1.52	3.13	3.65	3.83

由表 5-3 可以看出，随着钢管桩高度的增加，底部铰结与固结产生的桩顶位移的比值逐渐增大，混凝土锚桩有助于钢管桩在底部形成固结体系，因此，在超深水位施工过程中采用混凝土锚桩施工下部结构更为有效。

5.5 栈桥下部结构计算

超深水位下钢管桩底部有可靠的锚固，可以大幅度提高钢栈桥的整体稳定性，因本栈桥钢管桩较长，最长达 65 m，因此，为了加强施工栈桥钢管桩支

墩的稳定性，结合桥位地质情况及对施工工期处于三峡水库消落期考虑，栈桥1～3跨柱底为扩大基础，其余水中钢管桩在柱底设置直径 $\phi800$ mm C30 混凝土钢筋锚固桩。若按单排桩或双排桩进行计算桩的锚固深度，由于弯矩和水平力重新分配，后者计算值比单桩计算值偏小，为安全计，应仍按单桩计算锚固深度。

5.5.1 钢筋混凝土桩正截面承载力

沿周边均匀配置纵向普通钢筋的圆形截面钢筋混凝土正截面受压承载力可按下式计算：

$$M = \frac{2}{3}\alpha_1 f_c r^3 \sin^3 \pi\alpha + f_y A_s r_s \frac{\sin\pi\alpha + \sin\pi\alpha_t}{\pi} \tag{5-5}$$

式中　A_s——全部纵向普通钢筋的截面面积；

r——圆形截面的半径；

r_s——纵向普通钢筋重心所在圆周的半径；

α——对应于受压区混凝土截面面积的圆心角与 2π 的比值；

α_t——纵向受拉普通钢筋截面面积与全部纵向普通钢筋截面面积的比值，当 α 大于 0.625 时，取 α_t 为 0。

在上部钢管混凝土桩中，钢管对其内部混凝土的约束作用使混凝土处于三向受压状态，提高了混凝土的抗压强度；钢管内部的混凝土又可以有效地防止钢管桩发生局部屈曲。研究表明，钢管混凝土柱的承载力高于相应的钢管桩承载力和混凝土柱承载力之和。

在下部结构中，大部分混凝土嵌入基岩之中，失去了钢管桩的约束作用，但是混凝土材料抗拉性能较弱，因此，钢管桩内的混凝土与嵌固在岩石中的混凝土之间必须有可靠的连接。可以通过采用带肋钢筋以及在钢筋笼中施加一个小型钢管桩的方式，提高接触面积和混凝土的整体性。

5.5.2 栈桥下部结构优化设计

在水平载荷巨大的超深水域进行栈桥下部结构抗倾覆稳定性设计时，钢管桩横向桩间距应根据经济性及稳定性进行比选，通过对比 6 m、7 m、8 m、9 m、10 m 及 11 m 六种不同纵向间距的单排钢管桩在不同高度下桩顶的位移，模型计算结果如图 5-5～图 5-8 所示。

第 5 章 三峡库区水上超高栈桥技术

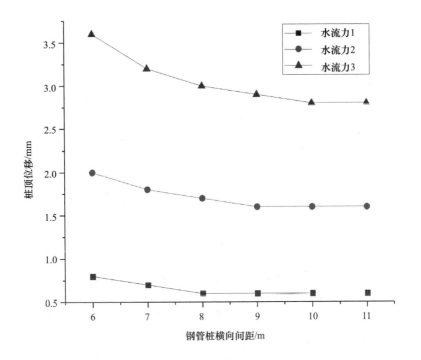

图 5-5　30 m 钢管桩桩顶位移

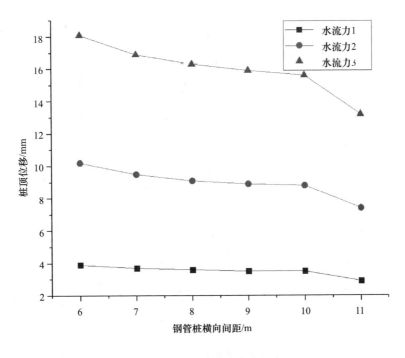

图 5-6　40 m 钢管桩桩顶位移

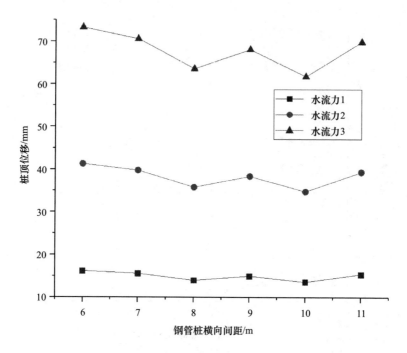

图 5-7　50 m 钢管桩桩顶位移

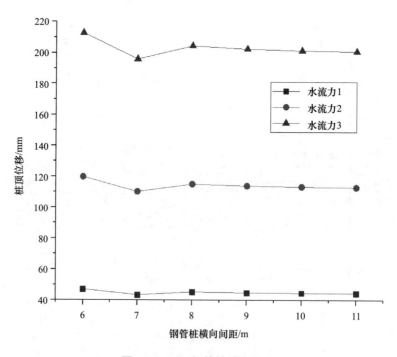

图 5-8　60 m 钢管桩桩顶位移

从图 5-8 可以看出，随着钢管桩横向间距的增加，钢管桩桩顶位移会略有降低，但是并不会随着钢管桩横向间距的增加而持续下降，因此，可以通过增加钢管桩横向间距的方法提高结构的整体刚度。但是，随着横向间距的增加，整体刚度的提升并不明显；且随着横向间距的增加，钢管桩连接件的长度会大幅增加且焊接困难，因此，钢管桩横向间距可根据实际情况略微提高。

考虑到在洪水波运动时，水流的运动状态为紊流，易形成垂直于主流方向的运动，因此，为了加强施工栈桥钢管桩在超深水位下的整体稳定性，需要对钢管桩增加纵向联结。钢管桩纵向间距有 6 m 和 9 m 两种，纵向联结布置图如图 5-9 所示。

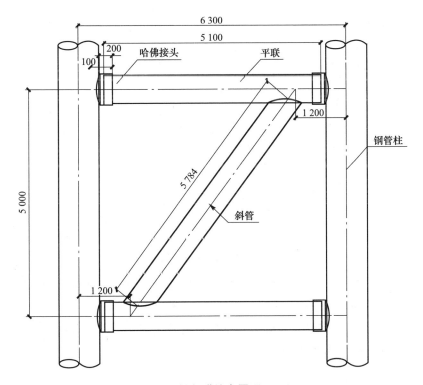

图 5-9　纵向联结布置图(6 m)

通过建立有限元模型分析计算以及纵向连接件的分布特点可得，当钢管桩高度超过 30 m 后，无论在底部固结还是铰结情况下，钢管桩的顶部位移都会随着钢管桩高度的增加而急剧增加。因此，可针对超过 30 m 的钢管桩施加纵向联结，以提高其稳定性。

5.6 钢栈桥施工

5.6.1 锚固方式设计

钢管桩锚固接头由加强肋板、加强管及破岩齿针三部分组成,加强肋板及加强管采用钢板制作。锚固桩接头的施工顺序为:加强肋板安装→加强管安装→破岩齿施工。具体布置如图5-10所示。

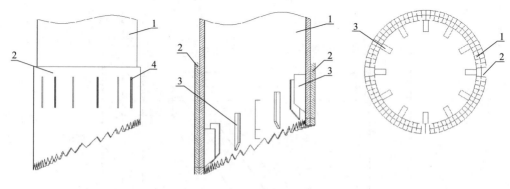

图 5-10 锚固接头示意图
1—钢护筒;2—加强管;3—加强肋板;4—焊缝

(1)加强肋板制作及安装。在钢护筒的内壁等间距竖向焊接12块与钢护筒相同材料的长方形加劲肋板,对钢护筒起到加强作用。加强肋板的宽度不超过锚固混凝土桩钢筋笼的保护层厚度(小于8 cm),高度为40 cm,下边缘与环形破岩面的距离小于5 cm。加强肋板定位完成后将加强肋板的外侧边与钢护筒的内壁焊接,焊接时注意加强肋板的内侧边朝向钢护筒的中心线。

(2)加强管安装及破岩齿加工。

1)加强管安装。钢管桩竖向设置,加强管外套在钢管桩的下端。加强管采用与钢管桩相同的材料。加强管的上端内侧边缘与钢管桩的外壁焊接,且加强管上环向分布若干焊接缝,焊接缝贯穿加强管的管壁,沿加强管的中心线方向延伸。加强管通过每个焊接缝与钢护筒的外壁焊接,使钢护筒的外壁与加强管的内壁贴合。焊接缝与加强肋板环向交错分布。加强管厚度与钢护筒厚度相同,且加强管的最低高度不低于50 cm。

2)破岩齿加工。钢护筒的下端面与加强管的下端面形成环形破岩面,环形破岩面倾斜设置,倾斜角度根据河床陡峭程度确定。

钢护筒的下端管壁与加强管的下端管壁均切割成锯齿状,锯齿大小根据实际需要设定,钢护筒的下端端面锯齿与加强管的下端端面锯齿形成破岩齿。破岩齿的齿尖朝下,破岩齿的大小根据实际情况确定。钢护筒下端面的锯齿与加强管下端面的锯齿一一对应并焊接。锚固接头的倾斜角和锯齿应在现场根据实际河床情况进行切割。

(3)锚固接头制作及施工要点。

1)加强管与钢管桩之间的焊缝等级应满足二级焊缝要求,焊缝表面无气泡、夹渣、裂缝等缺陷,且焊接缝与加强肋板环向应交错分布错开距离大于50 cm。

2)破岩齿加工前,利用水下摄像仪探测出桩位处地形的实际倾斜角度,保证破岩齿的倾斜角度与地形一致。

3)钢管桩下放时,当桩底距离河床1 m时,利用水下摄像仪探测锚固接头的倾斜方向与河床倾斜角度是否一致,根据水下摄像仪传回的实时动画对锚固接头的倾斜方向进行调整。

5.6.2 钢管桩自调式导向架制备及安装

钢管桩自调式导向架是解决超高钢挂桩定位及垂直度的关键,自调式导向架主要分为可调式安装架、可调式抱桩器。钢管桩自调式导向架施工主要采取拼装焊接的施工工艺,施工顺序为:下锚固座施工→下固定框施工→辅助杆施工→上固定框施工→连接杆施工→下抱桩器施工→上抱桩器施工→伸缩杆施工。

1. 可调式导向架安装

可调式导向架主要由上固定框、下固定框和连接杆三部分组成,均采用钢板制作。上下固定框通过连接杆连接在一起。可调式导向架结构示意图和平面图,如图5-11和图5-12所示。

首先在已施工的栈桥平台上焊接锚固座,然后根据钢管桩的平面位置将下固定框定位在固定座上,下固定框安装完成后在下固定框的正上方安装辅助杆(不少于2个)。辅助杆安装完成后,组织技术、测量人员对下固定框的位置进行复核,确认无误后方可开始上固定框的焊接。焊接前,用水平尺及铅垂线辅助施工,保证上下固定框之间的垂直度。上固定框焊接完成后,将连接杆从固定框上穿过旋转孔,将连接杆的下端与固定板的上表面抵紧,在上固定框与下固定框之间倾斜设置调节杆,调节杆与固定框的连接方式为铰接;然后,将伸缩杆活动穿设在下固定框导向孔内。

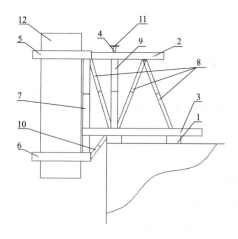
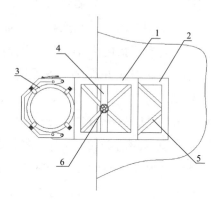

图 5-11　可调式导向架结构示意图

1—锚固座；2—上固定框；3—下固定框；
4—连接杆；5—上连接板；6—下连接板；
7—伸缩杆；8—调节杆；9—辅助杆；
10—支杆；11—摇把；12—钢管桩

图 5-12　可调式导向架平面图

1—上固定框；2—下固定框；3—抱桩器；
4—加强板；5—调节杆；6—摇把

钢管桩可调式导向架通过旋转连接杆的上端摇把，改变上固定框的水平高度；同时，调节杆（调节杆之间通过插销连接实现锁定和固结）也随上固定框的变化实现伸缩。在辅助杆上设置插销孔，插销孔每隔 50 cm 设置一个，根据钢管桩的长度调节上固定框的高度。当钢管桩较长时，固定框的高度可以适当调高，调好后用插销锁定，保证钢管桩施工过程中导向架不会出现松动和变形。可调式导向架上下固定框的最大距离为 5 m（即对钢管桩的最大约束长度为 5 m）。

2. 可调式抱桩器安装

根据钢管桩的平面位置，将下抱桩器与可调式安装架的下固定框进行连接；然后，将上抱桩器与可调式安装架的上固定框进行连接。连接时通过水平尺以及铅垂线辅助施工，保证上下固定框之间的垂直度，轴心垂直。接着，在上抱桩器和下抱桩器之间竖向设置伸缩杆，伸缩杆分别与上下抱桩器进行连接。在上抱桩器和下抱桩器内与四个相互垂直度的方向上各安装一个滚轮，滚轮和抱桩器本体之间安装弹簧，通过滚轮减小抱桩器本体与钢管桩之间的摩擦力和振荡。

3. 控制措施

在钢管桩下放之前采用水平尺测量上下抱桩器的轴心是否垂直，通过铅垂线对上下抱桩器进行轴心检验。如果不垂直，通过旋转可调式安装架上的摇把进行调节，在调节的同时进行实时检验。当钢管桩较长时，通过调整上下抱桩器之间的距离来控制对钢管桩的约束长度，保证对钢管桩的约束长度大于 1/15L，且不小于 1 m，实现钢管桩的精确定位。

5.6.3 钢管桩内部加劲肋

1. 加劲肋安装

钢管桩内部加劲肋由与钢管桩一样材质的钢板组成，其作用是增加混凝土锚桩与钢管桩的粘结力。

首先，加工 12 块长度与混凝土锚桩在钢管桩内的长度一致，宽度为 30 mm，厚度为 12 mm 的方形钢板作为加劲肋。然后，将 12 块钢板均匀焊接在钢管桩内部。

钢管桩与混凝土锚桩示意图及钢管桩与混凝土锚桩连接处示意图，如图 5-13 和图 5-14 所示。

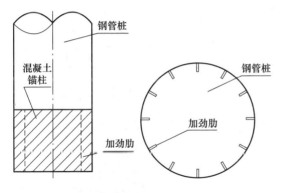

图 5-13　钢管桩与混凝土锚桩示意图

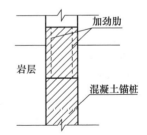

图 5-14　钢管桩与混凝土锚桩连接处示意图

2. 钢管桩下沉

钢管桩下沉采用振动锤。利用振动锤上的夹具夹住钢管桩，同时使用履带式起重机通过钢丝绳吊住钢管桩顶。准备好后，履带式起重机通过振动锤及钢丝绳直接起吊钢管桩，放至可调式导向架内。当钢管桩底部距离调整可调式导向架下抱桩器 5 m 时暂停下放，首先对钢管桩的方向进行调整，保证锚固接头破岩齿斜面的方向与河床地形一致；然后，对抱桩器的位置进行调整，保证上下抱桩器轴心垂直，以及对钢管桩的约束长度大于 1/15L 且不小于 1 m，确保对钢管桩有足够的约束力。

因长度不够需在加工场或现场对接时，钢管桩对接面必须打"坡口"；同时，将钢管桩对接前接口焊缝上下 30 mm 处两侧的铁锈、氧化铁皮、油污、水分清除干净,并显露出钢材的金属光泽。在桩与桩之间加设连接板,连接板共设 4 块,每块尺寸为 15 cm×20 cm,厚度为 16 mm。连接板与钢管桩的焊接应满焊,并保证焊缝的厚度不小于连接板厚度的 0.7 倍。对接完成后,采用靠尺对钢管柱的垂直度进行检验。钢管桩对接如图 5-15 所示。

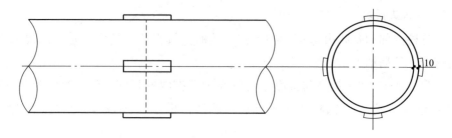

图 5-15 钢管桩与混凝土锚桩连接处示意图

3. 钢管桩锚桩施工

桥区河床地层强度较高,在桩顶铺设好型钢主梁及桥面板后,使用直径为 800 mm 的冲击钻在钢管立柱内冲孔施工锚固桩(图 5-16)。

将钻机置于冲孔平台上开始钻孔,钻孔采用低冲程,并加入足够的泥浆,防止碰撞钢管桩或孔桩偏斜,钻孔深度为不小于锚固桩设计插打深度,即保证锚桩进入弱风化泥岩夹砂岩 5 m。

钢筋笼总长度为 8 m,其中,入岩 5 m,钢筋笼内 3 m。主筋选用 Φ20 钢筋,加强箍筋 Φ8 每隔 2 m 设置一根,接头处采用长度为 10d 的单面焊缝连接。

下放锚桩钢筋笼并完成混凝土浇筑。

钢栈桥施工采用逐孔振沉钢管桩、逐孔架设上部结构的施工方法,即"钓鱼法"施工。钢栈桥上部结构采用 150 t 履带式起重机进行架设。各主要工序施工顺序为:准备工作→钢管桩施工(冲击钻冲孔施工)→钢管桩间平联和剪刀撑、桩顶分

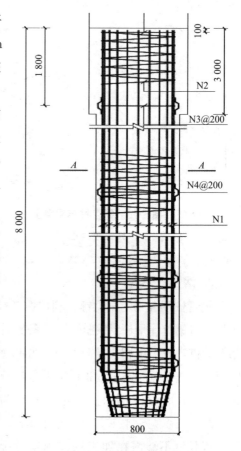

图 5-16 锚固桩构造图

配梁施工→贝雷梁架设→型钢分配梁施工→锚固桩施工→桥面系及附属设施的施工。

(1)钢管桩施工。用150 t履带式起重机在岸边起吊第一排钢管桩放入水中,测量组确定桩位与桩的垂直度满足要求后,开动振动锤振动,依靠振动锤冲击力和钢管桩重力插入覆盖层中。

钢栈桥施工图如图5-17所示。钢管桩锚固深度达不到长细比要求时(锚固长度>$L/3$,L为钢管桩总长度),必须对该部分钢管桩做处理。采用钢管桩混凝土锚桩工作原理,解决基岩裸露给超高钢管桩"生根"带来的困难,确保钢管桩的整体稳定性,保障栈桥使用过程中的安全。施工中,采用"冲击钻成桩"法对钢管桩桩底进行锚固处理。

图5-17 钢栈桥施工图

1)施工准备工作:准备4台小型钻机,钻机型号能满足$\phi 800$ mm成孔。

2)钻孔:当插打的钢管桩不能满足入土深度要求时,即将一排两根钢管用双拼40b工字钢临时连接,再铺设两排贝雷梁作为钻机操作平台。

3)将钻机置于冲孔平台上开始钻孔,钻孔采用低冲程,并加入足够的泥浆,防止碰撞钢管桩或孔桩偏斜。钻孔深度为不小于锚固桩设计插打深度,即保证锚桩进入弱风化泥岩夹砂岩 5 m。

4) 钢筋笼总长度为 8 m，其中，入岩 5 m，钢筋笼内 3 m。主筋选用 φ20 钢筋，加强箍筋 φ8 每隔 2 m 设置一根，接头处采用长度为 $10d$ 的单面焊缝连接。

5) 下放锚桩钢筋笼并完成 C30 强度标准混凝土浇筑。

6) 待锚桩混凝土达到设计强度时，进行下一跨施工。

(2) 上部结构施工。

1) 钢管桩桩帽、桩间联结系、平联、桩顶分配梁施工。钢栈桥一个墩位处钢管桩施工完成后，立即进行该墩钢管桩间联结系、平联、桩顶分配梁施工。完成后将整体桩帽及组合横梁在场内统一加工并运输至现场。测量班根据设计桩顶标高进行放样标识，将多余的钢管桩切除至设计桩顶位置，并将整体桩帽盖上并限位牢固。

2) 贝雷片拼装。在工字钢分配梁、剪刀撑、平撑、钢管桩桩帽及组合横梁安装并加固好后，即可进行贝雷梁的安装。贝雷梁在已经搭设好的钢管桩上根据每跨长度进行拼装，每跨共布置 14 排贝雷梁，间距为 $(900+4\times450+3\times900+4\times450+900)$ mm。贝雷梁与贝雷梁的连接采用销接，连接时贝雷销一定要全部打入并加保险，以防贝雷销退出。吊装前，测量人员应对便桥的中心线控制点放样，施工班组应根据中心线控制点进行实地放样，标出每组贝雷片的具体位置。所有标记用红漆标出，然后进行贝雷梁安装。贝雷梁安装应从一侧装起，与原施工完毕的贝雷梁用贝雷销销接并加保险。贝雷梁组与组之间用事先已经加工好的斜撑连接牢固。前进方向的贝雷梁端按标出的位置安装，前进端的横向位置误差不应超过 10 mm。

贝雷梁安装到位后，安装横向 I18b 型钢分配梁，间距 225 mm。一跨贝雷梁全部安装完毕后即进行贝雷梁与分配梁的连接，连接仍然采用 U 形卡将贝雷片与 I18 工字钢分配梁连接在一起，横向、竖向均焊定位挡块及压板，将其固定在横梁上，并焊接牢靠，以防贝雷梁在刹车等其他外力时移动。贝雷片任何位置严禁施焊。

3) 桥面板的制作及铺设。桥面系统采用 5.75 mm 花纹钢板满布，铺设时钢板间预留 30~40 mm 伸缩缝；同时，将钢板与工字钢在加工厂焊接牢固，再运至现场拼装。

桥面铺设完成后，开始安装桥面栏杆，栏杆高 1.5 m，采用 [10 槽钢焊接，上下布设两排，统一用红白油漆涂刷，交替布置，达到简洁、美观的效果。栈桥栏杆底部两侧设置 180 mm 高踢脚板，并挂设救生圈。

5.7 栈桥的使用及安全维护

5.7.1 栈桥观测

为了更好地校核栈桥的设计参数。由栈桥观测小组根据栈桥观测方案要求持续不断地对施工和运营中的栈桥进行观测。对栈桥的观测主要内容有冲刷观测、流速观测和沉降观测。此外，还应详细记录、及时整理原始资料，为栈桥的安全运营提供技术保障。

5.7.2 栈桥的运行、维护和检修

栈桥架设完毕后由技术员进行一次全面检查，发现质量或安全问题及时组织人员进行补强或采取其他可靠的纠正措施进行修正。

在维护期，专门成立栈桥维护小组，确保栈桥正常运行。定期派专人对栈桥的上、下部结构进行检查，清理桥面，发现问题及时修补，并对特征墩位处进行河床标高的复测。一旦发现河床冲刷较大，应立即采取纠正措施，如回填沙袋、在栈桥外侧插打加强钢管等措施。

本栈桥工程运行期间，还应建立健全维护栈桥的相关制度，安排专人负责并做好维护记录。

栈桥具体的维护项目包括以下七点：

(1)检查贝雷片连接处的销子、定位销的松动脱落情况；

(2)检查骑马螺栓松动情况，对螺栓、螺母脱落的部位及时安装复原；

(3)检查警示灯、路灯线路及灯泡的完好情况，发现问题及时修复；

(4)对栈桥面板和防滑钢筋发生翘曲或损坏的部位，及时修复或更换；

(5)对栈桥焊缝脱落处进行加强补焊；

(6)对栏杆在施工过程中损坏部位及时修复，并对栏杆的警示漆不明显区段进行重新刷漆；

(7)为了增加钢管桩的刚度、稳定性，钢管桩横向之间用钢管平联，并将桩顶型钢横向联合梁与钢管桩施焊固结成整体。

5.7.3 栈桥预警及抢险

对栈桥结构进行持续观测，当栈桥相邻钢管桩桩顶的不均匀沉降达到 3.5 cm 或

钢管桩的局部冲刷深度超过其入土深度的 20% 时，发出预警。当出现超出"非工作状态标准"的风、浪、流时，应提前撤出栈桥上的人员、设备、车辆，启动应急预案；突发性灾害出现时(如车辆撞击栏杆、车辆或邻近施工机械起火等)，启动应急预案。

栈桥预警抢险工作重点在预防，特别是汛期。可选择适当时机进行抢险演练，根据气象预报，在灾害天气有可能到来之前即进入预警状态，各小组成员要到位，并召开会议，同时安排专人 24 h 轮流值班，做好人员准备、物资准备、思想准备。

5.7.4 栈桥各项措施

1. 勤测量、掌握钢管基础被冲刷数据

进入汛期以前及汛期中，必须定期测量钢管埋置深度。若因水流冲刷不能满足要求，需立即采取加固措施，可采取在上游抛填沙袋、或用运输车将外部土体或砂卵石填筑物倾倒至栈桥处，保证埋深。

2. 洪水期间采取的措施

在上游 1 000 m 处安排值班人员，对漂浮物进行监控。若发生大型漂浮物危及栈桥安全，应及时通知海事部门，以及配合海事部门对漂浮物进行引导，确保漂浮物不会直接撞击栈桥，或采取缓冲措施，保证撞击力处于最小状态。

洪期实行 24 h 值班，派专人对栈桥安全进行观察、清理堆积在栈桥上游的漂浮物。若水位翻过栈桥顶面，应立即拆除栈桥栏杆，减小漂浮物堆积对栈桥产生的阻水影响。

项目建立联动机制，分工有序，配齐防洪所需的砂、石、麻袋、机械等各种物资设备，保证各项应急措施能及时实施。

3. 洪期发生险情时的处理

一旦发现洪汛险情，值班人员应立即通知施工人员，并以最快的方式报告项目部防洪应急领导小组组长。领导小组组长接到险情后立即报告上级管理部门及安监、海事等地方监管部门，并立即组织救援人员按照预案进行抢险。

4. 防撞措施

(1)施工栈桥形成后，为确保施工安全，应按照相关法律法规要求及时设置安全警示标志，并在平台四周设置防护栏杆和布设救生圈、灭火器等安全设施。

(2)依据相关规定在施工栈桥上设置障碍物和夜间及大雾警示灯。

(3)根据施工作业要求,确定施工占用水域,依据相关程序上报,及时要求航道管理部门发布航行通报,设置航标灯等助航标志。

(4)在栈桥最远处的四根钢管内填充密实的砂土,增大桩的刚性和防撞能力。

5. 防腐措施

鉴于施工栈桥使用时间较长,故对钢管桩等构件进行防腐处理。其中,钢管桩在场内涂刷完成,现场补涂;扶手栏杆现场除锈涂刷,横梁、分配梁等构件根据现场需要自行考虑。钢管桩防腐采用涂层防腐方案,保护范围为泥面以下 1.5 m 至桩顶外表面层,栈桥贝雷片采用热浸锌保护法防腐。

为达到防腐指标要求,结合防腐涂层特性,采用喷砂处理,除锈达到 Sa1.5 级或 St2 级,彻底清除了钢管桩表面的油污、氧化皮等污染物。钢管桩除锈合格后进行油漆涂刷,在涂刷时要注意涂刷的方向须一致,以免混入空气和产生涂刷漏点,确保涂层的均匀性和完整性。涂刷分底漆、中层漆和面漆。

5.7.5 监控量测

5.7.5.1 监测目的

为了保证工程质量及安全,必须对库区水位和钢栈桥、钻孔平台沉降变形进行监测,及时发现异常变化,对其稳定性和安全性做出正确判断,以便及时采取处理措施,防止事故的发生。

5.7.5.2 监测内容

栈桥所经区域位于三峡库区,全年水位变化大。因此,只有对栈桥进行全方位的监控,才能确保栈桥在施工和运营过程中的安全。

根据栈桥的设计结构特点和所处的水文环境,对栈桥的检测项目主要包括三峡库区水位观测和栈桥沉降观测。

5.7.5.3 监测方法

1. 三峡库区水位观测

由技术人员利用 RTK,以水平面为基准面,观测水位变化。将观测的数据、观测的时间进行详细记录,然后进行数据处理分析,作为机械、人员及设备是否需要从栈桥撤离的依据。由于汛期水位变化复杂,监测频率必须根据出现的情况进行调节。监测频率见表 5-4。

表 5-4 在建桥址水位监测频率

观测阶段	月份	观测频次	备注
蓄水期	10月—次年2月	3次/周	
枯水期	2月—6月，9月—10月	1次/天	
洪水期	7月—8月	2次/天	

2. 栈桥沉降观测

每周由值班工程技术人员，以GPS全球定位系统布设的控制点为基准点，利用高精度水准仪对栈桥指定沉降观测点的标高进行观测，将观测的数据、观测的时间进行详细记录；然后，进行数据处理分析，作为对栈桥基础钢管桩沉降超限是否预警的依据。该沉降观测依据表5-4，对蓄水期观测7次（第1～7次），枯水期观测7次（第8～14次），洪水期观测6次（第15～20次）。

对钢管桩施工精度要求：平面位置偏差为±100 mm；高程允许偏差为0～150 mm；垂直度允许偏差为1/150。

如图 5-18 所示，在10号墩钢栈桥的基础钢管桩顶部设置水准点，其点位应该便于测量，并且不影响现场施工和免于破坏。

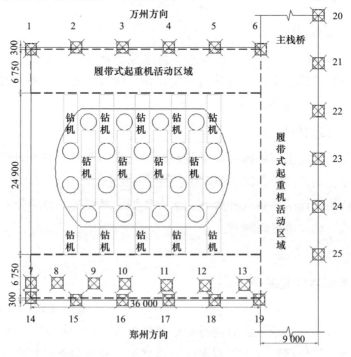

图 5-18 10号栈桥基础钢管桩沉降观测测点

5.7.5.4 结果处理

当栈桥相邻钢管桩顶部测点的不均匀沉降在 35 mm 以内时,表明服役栈桥的稳定性和安全性较好;当沉降超过 35 mm 时,则发出预警,立即停止栈桥的使用,检查栈桥各个部位的情况,并对沉降较大范围采取加固补强措施(如加密斜撑、底部基础抛石加固等),然后再恢复施工。

由于测点 6 与 7、13 与 14、19 与 20 均不是相邻测点,因此图 5-19 中该区间的数据不参与分析参考,只关注其他区间的数据即可。

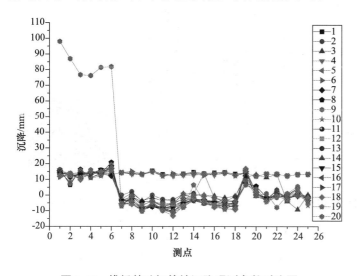

图 5-19 栈桥基础钢管桩沉降观测参数对比图　　　图 5-19 彩图

由图 5-19 可知,枯水期的栈桥相邻钢管桩沉降变化最小,沉降在 5 mm 以内,沉降较均匀。蓄水期次之,主栈桥的沉降波动较大,18 号和 19 号两根钢管桩的相对沉降最大,约为 16 mm,洪水期最大,最后一次观测和前 5 次的结果落差较大,靠岸侧分栈桥和主栈桥的沉降波动均较大,落差最大位置发生在 18 号和 19 号测点处,约为 24 mm。结果表明,在水位的大幅落差下,该栈桥的沉降符合要求,受洪水冲刷影响,洪水期对栈桥的安全与稳定性影响较大。受栈桥桥面材料堆载和施工机具停放太过集中的影响,造成靠岸侧分栈桥和主栈桥钢管桩的沉降波动较大,为了确保服役栈桥的稳定性,建议将施工大件材料分散堆放,不常用的材料堆放在岸边,以减轻栈桥局部超负荷。

分析图 5-20 可知,蓄水期、枯水期和洪水期的桩顶 X 方向平面位置偏差均较大,7～11 号和 18～19 号的平面位置偏差波动较大,偏差最大发生在洪水期 9～10 号桩顶,约为 161 mm。建议对这两个范围的钢管桩加密斜撑。

由图 5-21 可知，三个观测阶段下的栈桥钢管桩顶部 Y 方向平面位置偏差波动均较大。其平面位置偏差在允许范围内，最大值发生在洪水期，在靠河中心侧的第 3、4、5 号钢管桩，约为 89 mm，其方向沿水流方向。建议对河中心侧钢管桩的基础进行抛石加固，并加强顶部连接。

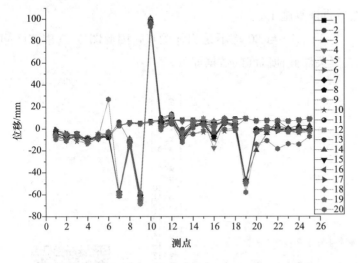

图 5-20　栈桥基础钢管桩顶部 X 方向平面位置偏差

图 5-20 彩图

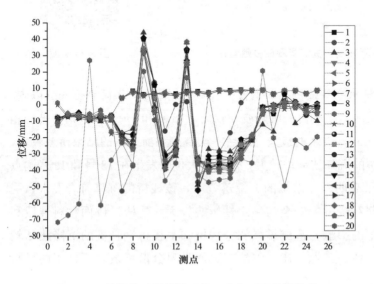

图 5-21　栈桥基础钢管桩顶部 Y 方向平面位置偏差

图 5-21 彩图

第6章 三峡库区钢围堰技术

水上基础的承台形式按承台的位置分为低桩承台(低承台桩基)和高桩承台(高承台桩基)。低桩承台取决于承台底面埋在地面或冲刷线以下是否够一定深度,即低桩承台的台底面埋在冲刷线以下若干深度;高桩承台的台底面位于冲刷线以上若干高度。

1. 低桩承台的围堰施工

修筑深水桩基承台必须采用防水围堰,目前,在水深、流速大的江河中低桩承台的施工一般采用套箱围堰形式。

目前,围堰主要有钢板桩围堰、混凝土围堰、钢套箱围堰及钢-混凝土组合结构围堰。其中,钢板桩围堰主要为单壁结构;混凝土围堰又分为重力式钢筋混凝土围堰和双层薄壁钢筋混凝土围堰;钢套箱围堰又可分为单壁钢套箱围堰、双壁钢套箱围堰及单双壁组合式钢套箱围堰;钢-混凝土组合围堰也可分为上钢下混凝土、下钢上混凝土形式。每种围堰都有自己的特点和适用条件,因此,需根据各自的水文、地质、材料价格及设备情况等比选而定。下面分别就每种围堰的结构形式及适用条件结合实例加以介绍。

(1)钢板桩围堰。钢板桩围堰是一种比较传统的深水基础施工方法。钢板桩是从国外引进的一种制式产品,主系统主要为德国拉森式钢板桩。它可以打入土中或连到物件上,组成承载及防水结构,工作结束后,拔出或拆下重复使用。

1)结构形式及特点。钢板桩围堰一般采用单壁的矩形、圆形等结构形式,内部根据水位情况设置支撑,该围堰因为是重复使用,因此,一般没有封底混凝土。它是一种施工简单、快捷、成本较低的围堰形式。但是,该围堰也有很大的局限性,其一,由于是组拼式结构,整体刚度较小,因此,其抗水流及冲刷能力差,不宜在流速较大的情况下使用;其二,由于其本身强度、刚度局限,在水位较高、承台较深时,需设置强而密的内支撑,对后续的承台及墩身施工干扰很大,因此,不宜在水位较高、承台较深的情况下使用;其三,河床地质的要求较高,因为要重复使用,不宜灌注封底混凝土,因此,既要满足底部支撑力,又要满足较小渗流,对河床提出了较高的要求,所以,不宜在透水性强、承载力小的地层情况下使用。

2)施工要点。

①插打钢板桩。应用固定框的临时导向架插打钢板桩,在稳定的条件下安置桩锤。一般宜插桩到全部合拢,然后再分段、分次打到标高。插桩顺序,在无潮汐河流一般是从上游中间开始分两侧对称插打至下游合拢;在潮汐河流,有两个流向的关系,为减少水流阻力,可采取从侧面开始,向上、下游插打,在另一侧合拢。桩锤一般采用振动桩锤。

②堵漏。钢板桩插打到位后,可在其外侧围一圈彩条布,在彩条布的下端绑扎钢管沉入河床,并用沙袋压住,堰内抽水时,外侧水压可将彩条布紧贴板桩,起到一定的防水作用,在板桩侧锁口不密的漏水处用棉砂嵌塞,堵塞效果明显。

③吸泥、硬化基层。在将水抽干后,即可人工挖泥或不抽水采用高压水枪配合泥浆泵吸泥至设计标高,之后回填片石,浇筑 30 cm 厚的混凝土硬化基底,进行承台施工。

3)施工工艺流程。设置导桩框架→清理钢板桩→插打钢板桩→设置内支撑→抽水、堵漏→挖、吸泥→硬化基底→承台、墩身施工→拔除钢板桩。

(2)混凝土围堰。混凝土围堰可分为重力式混凝土围堰和薄壁混凝土围堰两种。重力式混凝土围堰与沉井,一般用于岸上或浅水能筑岛的施工区域,是一种比较传统的围堰形式,根据钢筋混凝土的受力特点,一般以圆形结构为主,其同沉井的唯一区别是,沉井是桥梁结构的一部分,而混凝土围堰仅是一种施工结构,两者的施工方法是相同的,本节不再赘述。下面重点介绍薄壁混凝土围堰的结构及施工工艺特点。

1)薄壁混凝土围堰的结构形式及特点。薄壁混凝土围堰一般采用双壁结构,其结构形式以圆形居多,也有圆端形结构。它是一种分节、分层预制的装配式结构。其壁厚一般为 20 cm 左右,其平面形状根据承台结构形式及水文等条件而定,其高度根据浮运能力而定,节与节间一般采用法兰连接,壁间下部为封底,需要填充混凝土,上部填充砂砾。

该种结构的特点:其一,须在岸上预制,因此,在桥位附近需有码头并设有下水滑道;其二,由于其质量较轻,下沉困难,因此,它适用于河床覆盖层较浅、地质条件较好的水中区域;其三,由于需采用水下对接,因此,其下沉须配备潜水员协助,在对水流较大、较深的水域不宜实施。

2)施工要点。

①混凝土围堰的预制。在靠近墩位的岸边设置预制场,将场地平整夯实后,在刃脚位置布置木枕,在其上组拼模板;内模与钢筋一次组装,绑扎成型,外侧模分次组立,边灌混凝土边接高,以便捣固。预制时,应确保模板不滑移、不变形,特别是两节连接处,应确保尺寸准确。

②设置滑道。从预制场至河内一定距离设置滑道,滑道需伸入一定水深的河内,以满足龙门浮吊的吃水,滑道设一0.5%的纵坡,以便围堰下滑。

③围堰下水。待围堰节的混凝土达到设计强度后,用千斤顶将其顶起,将滑道延伸至其下,推入运输平车就位并固定好,然后将千斤顶放松,使围堰节落到运输平车上,再解除平车制动,用卷扬机牵引至水上滑道。在拖拉时为防止失控,在围堰后方设一小吨位卷扬机控制溜车。

④浮运定位。利用平驳或浮箱组拼空腹式龙门浮吊,然后拖至滑道位置,利用4个吊钩将围堰平稳吊离滑道,进入水域后缓慢放松吊绳,尽量降低其重心,然后用缆绳四角拉紧,利用两艘拖船或机动舟牵引,与定位船联结,退出拖船,利用锚绳进行定位。

⑤围堰的下沉、拼装。由于薄壁混凝土围堰质量较轻,在流速较大的情况下极易偏移,因此,最好先在其墩位上、下游设置定位桩,引导围堰下沉。围堰下沉至接近河床时,潜水员下水清理刃脚处的凸出部位并大致凿平,然后用吸泥机吸泥,使其落于基岩上,再用编织袋装干硬性水泥砂浆将刃脚垫平。底节围堰就位后进行临时锚碇,然后沉放第二节围堰外壁,对位后穿螺栓连接。之后沉放内壁,将刃脚处填塞找平。两壁间吸泥完成后,灌注两壁间封底混凝土。围堰封底后,再依次沉放其余内壁,直至设计标高,最后在内、外沉井间填充砂砾石。按先外后内的顺序逐节下水浮运拼装,内、外壁之间填充混凝土及砂砾石,组成挡水围堰。

3)施工工艺流程。围堰预制→设置滑道、拼装龙门浮吊→滑移围堰→浮吊浮运就位→下沉、拼装、成型→吸泥→灌注水下混凝土→灌注砂砾→抽水→施工承台。

(3)钢套箱围堰。近年来,由于钢材的价格下降,以及钢结构在加工、运输、下沉方便等方面具有优越性,钢套箱围堰越来越广泛地应用于大型深水桥梁的基础施工中。

1)结构形式和特点。钢套箱围堰按形式分有矩形(圆端形)和圆形。其中每种围堰又分为单壁、双壁及单壁、双壁组合式钢围堰。

圆形围堰，由于在水压力作用下，只产生环向轴力，可不设内支撑，因此能提供足够的施工空间，另外，由于其截面可以导流，故而其抗水流能力强，它适用于流速较大的深水河流的低桩承台的施工。但是，由于承台尺寸一般为矩形，因此，其封底的截面面积较大，封底混凝土的量较大。

矩形或圆端形围堰，可按承台的尺寸形状设计，相对减少钢壁的用钢量及封底混凝土的用量。由于该围堰需加设内支撑，因此会给后续工程的施工带来不便。另外，其抗水流冲击能力和整体性较差，因此不宜在流速较大的河流中使用。

单壁、双壁组合式钢围堰的构造主要是考虑钢围堰下沉的需要而设计，由于钢围堰质量轻，在下沉较深的情况下，如果靠自重难以下沉，则需灌注配重混凝土，因此必须设置双壁结构；如果下沉较浅，借自重可以下沉，可设计为单壁结构；如果在满足下沉需要的前提下，又需节省材料，可设计成单壁、双壁组合式结构。

钢围堰结构形式的确定受多种因素的制约，如水文、地质、起重设备等。平面形状的确定主要受承台平面尺寸的影响及水深的影响。通过比较，当承台的平面尺寸长宽比小于 1.5 时，采用圆形围堰更为合理；在水深大于 15 m 的情况下，若采用矩形围堰，需加设多层内支撑，施工空间难以保证，同时，也大大增加了钢材的用量，此时采用圆形围堰更为合理。

2) 施工要点。

①围堰的加工。为运输方便，一般选择船运比较方便的工厂进行加工。为减少墩位处拼装工作量，一般根据现场起重能力分节在工厂加工。其加工顺序为先分单元在胎具上加工成型，然后在浮体上组拼。矩形围堰由于较轻，一般是分块加工，一次拼装成型。

②围堰的浮运。围堰的浮运根据下沉的设备情况而定，如果采用大型浮吊下沉，可用平驳进行浮运；如果采用组拼的龙门浮吊下沉，可直接用浮吊进行浮运。

③围堰的下沉。矩形围堰由于质量较轻，可一次拼装到位，因此，精确定位后，可一次放置于河床上进行下沉；而双壁或单壁、双壁组合式围堰由于体积大，需在水中边下沉边接高。其作业步骤为：将第一节放入水中定位，利用双壁所产生的浮力自浮于水中，然后接高第二节，灌水或混凝土下沉，再继续接高下一节……在围堰搭设吸泥平台，布置吸泥机进行下沉。需要注意的是，双壁之间应设隔仓，灌注时，应分仓对称灌注，以防钢围堰的偏移。

④封底混凝土的施工。钢围堰沉至设计标高，灌注封底混凝土之前，要求潜

水员用高压水枪进行清理,整平河床面,同时,为了保证封底混凝土与桩身、箱壁的良好结合,以达到止水效果,潜水员应用高压水枪将桩身和箱壁上附着的泥浆冲洗干净。

封底混凝土的施工采用垂直导管法。水下混凝土靠自身流动性向四周摊开。导管一般采用 $\phi300$ mm 无缝管,顶部设漏斗,导管数量根据钢围堰内净空面积确定。对于矩形钢围堰,由于封底混凝土数量巨大,可分成几个仓,分次灌注封底混凝土。混凝土一般由岸上拌合站或大型拌合船供应,泵送至浇筑位置。

3) 施工工艺流程。钢围堰加工→底节套浮运就位→下沉第二节套箱→拼装下一节套箱→套箱壁内注水或混凝土,吸泥、下沉→清洗钢围堰壁及桩周→浇筑封底混凝土→套箱内抽水→承台施工。

(4) 钢-混凝土组合围堰。在实际的施工应用中,还经常采用钢-混凝土组合围堰。下部为混凝土围堰、上部为钢围堰时,其适用条件与重力式围堰类似,上部采用钢围堰施工进度快,拆除方便;也有下部采用钢围堰,上部采用混凝土围堰的,它的适用条件同钢围堰,上部采用混凝土围堰主要是考虑材料的价格因素,这种组合结构围堰不一一列述。

2. 高桩承台的围堰施工

高桩承台的承台底在河床冲刷线以上,根据其承台与河床的相对位置一般采用吊箱围堰或套箱围堰进行承台的施工。

(1) 承台底面在河床以上较大距离。当承台底面在河床以上一定距离,基础设计为高桩承台时,可用吊箱围堰来修筑承台底板。吊箱围堰是一种有底的箱形整体模板。吊箱的设置方法有两种:一种是先打(钻)桩后设吊箱,待打(钻)完桩后,由潜水工在桩上安设平台(即承台的底模板),然后将预制好的吊箱围堰由驳船吊运、吊装或从膺架上沉放到平台上;另一种是先设有底吊箱,后打桩,底板上预留的桩孔可供打桩定位用。其施工程序是:先在岸边在两导向船间的平台上拼装吊箱,当导向船连同吊箱一起拖拉到墩位后,再将导向船锚锭起来;利用两侧起重塔架提进吊箱,并缓缓放入水中,直至箱顶上预制的吊梁压到舱面上,然后用起重机将定位桩插进箱底预留的桩孔中,并用锤击定位桩入土一定深度后,解开吊梁,继续放下吊箱直至设计标高,再将它固定在定位桩上。

吊箱围堰除解决支承结构的问题外,如何止水也是关键。止水的方法大致有两种:一种是大范围进行水下混凝土封底;另一种是在围堰底板与基桩之间进行小范围的止水。

采用大范围进行水下混凝土封底的方法安全可靠,但缺点是增加了围堰高度且增加了结构自重。

小范围止水方法是在基桩周围的围堰底板上安装一个漏斗结构,漏斗结构处围堰与基桩之间的缝隙,先以混凝土沙袋填塞,然后再以细石混凝土填充。但缺点是常在细石混凝土与基桩之间产生裂隙,在承台混凝土灌注过程中,由于混凝土荷载的增加,特别是混凝土出现偏载后会产生裂隙偏张,造成漏水量加大,从而影响混凝土的灌注质量。可采取如下补救措施:可允许一定量的漏水,为了使这部分漏水不影响混凝土施工的质量,布置一套汇水、排水装置,具体如下:

1)透水层:围堰底部铺设的一层厚为20~30 cm的碎石层,其作用是为汇水提供通道,同时,将混凝土荷载传递给围堰底板。

2)隔离层:在碎石层铺设的一层(或二层)普通(或纤维)油毛毡,其作用是防止混凝土振捣时水泥砂浆流入透水层。

3)过滤筛:一种桶形结构,其上部即围堰底板以上部分为筛孔状,既能过水,又可防止碎石堵塞连通管道。

4)汇水井:一种桶形结构,通过连通管道与过滤筛连通,将排水泵安设在汇水井内。

此方法允许围堰内有水,但必须及时排除。

(2)承台底在河床以上较小距离。当承台底在河床以下不深或有一定深度时,可用浮运无底套箱。套箱在岸上或浮运船上预制,浮运到位并下沉至河床一定深度,具体操作如上文钢套箱围堰所述。

从以上各种围堰的结构可以看出,每种围堰都有自己的特点和适用条件,因此,需根据各自的水文、地质、材料价格及设备情况等比选而定。

3. 围堰施工总结

从整个深水桥梁的建设情况来看,由于钢围堰的加工、运输、下沉、拆除容易等因素,近年来,钢围堰在深水基础施工中得到普遍应用。高桩承台基础的施工多采用钢吊箱围堰,低桩承台基础的施工多采用钢套箱围堰。

6.1　钢围堰结构设计

双壁有底钢吊箱内尺寸比承台各边大 5 cm,钢吊箱的设计外观尺寸为 31.3 m(长)×22.3 m(宽)×30.9 m(高),吊箱内外壁之间相距 2.0 m,钢吊箱总质量为

2 077.81 t，内外壁板厚度 δ=8 mm，高度方向分为四节(其中，第一节高为 7 500 mm、第二节高为 7 500 mm、第三节高为 7 500 mm、第四节高为 8 400 mm)。壁板内分三次浇筑 8.5 m 高井壁混凝土，封底 C30 混凝土厚为 3.5 m。主墩钢吊箱围堰模型示意如图 6-1 所示。

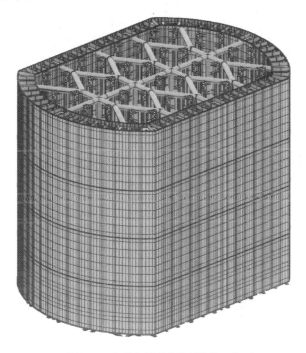

图 6-1 主墩钢吊箱围堰模型示意

钢吊箱设计双壁钢围堰，分为底板、壁板、内支撑、拉压杆等结构，如图 6-2 所示。其中，底板和壁板采用壁厚 8 mm 钢板；底板龙骨：大龙骨：HW400×300、小龙骨：HM300×300、加劲肋：I12.6；隔舱板板厚为 16 mm，内外壳板处设−12×300 的加强垫板，水平筋、竖向筋−12×150，水平间距约为 1 400 mm，上下层间距为 100 cm；与承台高度相同范围隔舱内灌注 C20 混凝土；在直线与弧度转角处设箱形梁，同样采用 16 mm 钢板。水平环板采用−14×300，上下层间距 100 cm；水平斜撑采用 L100×100×12 角钢，上下层间距同水平环板，为 100 cm；竖肋采用 L75×75×8 角钢，间距为 400 mm；内支撑采用 ϕ630×10 m 钢管；拉压杆采用 236a 拼成的箱形截面，下端支在底板纵横龙骨的交叉点处，上端焊接在护筒上。

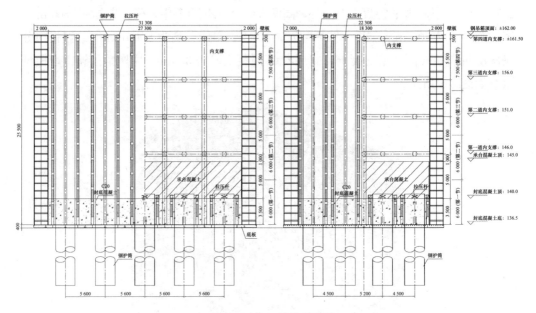

图 6-2 钢吊箱布置图

6.2 钢围堰结构计算

6.2.1 计算依据

静水压力荷载：

$$p_2 = \rho h$$

式中 p_2——静水压力荷载（MPa），沿水深三角形布置；

ρ——水的密度，取 10 kN/m³；

h——水深（m）。

钢吊箱外壁板承受净水压力最大为 0.255 MPa；水流力为 0.002 9 MPa；钢吊箱底板受均布浮托力为 0.255 MPa。荷载加载示意如图 6-3 所示。

根据分析结果，考虑到最不利负载的影响，计算主要分为以下六个工况。

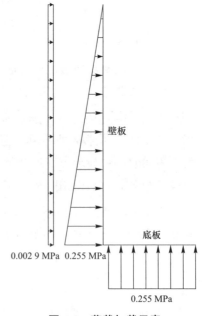

图 6-3 荷载加载示意

工况一：钢吊箱到达设计标高漂浮，下放系统解除前有下放系统受力为底板大龙骨最不利情况。计算荷载：钢吊箱自重；主要计算内容：底板龙骨、底板等的计算。

工况二：钢吊箱达到设计高度，漂浮并倒入 3.5 m 厚的地板密封混凝土（未结合），这对于底板而言是最不利的条件。计算载荷：钢悬吊箱的重量＋底部混凝土的载荷；主要计算内容：底板龙骨、底板及吊挂系统计算。

工况三：封底混凝土固结完毕，抽干吊箱内部的水的情况，为壁板最不利情况。计算荷载：围堰、封底舱壁混凝土自重＋最高水位浮托力＋静水压力＋十年一遇水流力；主要计算内容：壁板、内支撑及封底混凝土强度计算。

工况四：围堰内水抽干，承台施工。载荷：围堰内，底板，舱壁混凝土自重＋顶盖载荷＋浮力。

工况五：水位以下墩身施工时，计算荷载自重＋静水压力＋十年一遇水流力。主要计算内容：壁板、内支撑强度计算。

工况六：浇筑隔舱内混凝土情况。计算荷载自重＋隔舱内混凝土荷载＋隔舱外静水荷载＋十年一遇水流力；主要计算内容：壁板强度计算。

6.2.2 计算模型

壁板和外壳单元：离散且模拟的内部，外壳，隔仓板，底板。单位大小基于外壳板的垂直间距，形状尽可能接近正方形。

梁单元：离散和模拟底板大小龙骨、加劲肋、壁板竖肋、拉压杆及内支撑结构。按照实际情况考虑梁的偏心。

实心单元：填充混凝土，在钢吊箱中进行分离和模拟。

钢围堰计算模型图如图 6-4 所示。

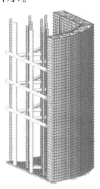

图 6-4　钢围堰计算模型图

此外，当钢围堰壁板采用 2 m 厚时，各工况下钢围堰构件的计算结果见表 6-1 和表 6-2。

表 6-1　工况一、二计算结果　　　　　　　　　　　　　　　　　　MPa

工况	3拼I40	HW400×400	I40	I18	面板	拉压杆	允许应力
工况一	187.6	79.4	188	127	87.1		215
工况二	100.3	134.5	127	134	105.5	81.7	

表 6-2　工况三～五计算结果　　　　　　　　　　　　　　　　　　MPa

部位	环板-14×300	竖肋L75×8	水平斜撑L100×12	隔舱板 $\delta 16$	壁板 $\delta 6$	内撑 $\phi 630 \times 10$	变形/mm
工况三	197.4	152.8	140.2	173.6	111.2	203.2	8.1
工况四	186.7	153.1	143.2	158.5	80.6	130.1	5.9
工况五	185.1	146.6	174.4	176.3	90.5	168.2	7.6
工况六	198.6	197.5	164.8	185.5	99.0	173.6	4.5
允许应力	215						15

6.3　钢吊箱围堰下沉定位导向系统设计

6.3.1　钢吊箱围堰下放系统的安装

1. 围堰下放系统的组成

底板拼装焊接成整体后进行提升下放系统(钢吊箱围堰下放主要承重部件)安装，共计 4 套。每套提升系统由两个 350 t 连续千斤顶、2×21 根 $\phi 15.2$(1 860 MPa)钢绞线、支撑梁(HN700×300)及下吊挂梁(钢板加工)组成。提升系统平面布置图如图 6-5 所示。

2. 提升系统安装

提升系统支撑梁通过牛腿焊接固定在护筒顶部，支撑梁两端设置吊挂梁作为提升系统的上部固定端。护筒高度应根据平台标高加高 5 m。提升系统上部构造图如图 6-6 所示。

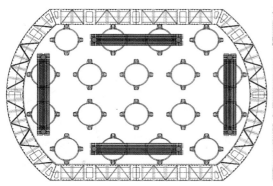

图 6-5　提升系统平面布置图

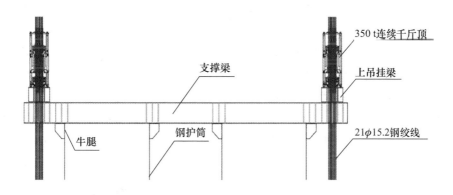

图 6-6　提升系统上部构造图

提升系统下部由 P 型锚具及吊挂梁固定组成。吊挂梁应在围堰加工厂内提前加工到位,其设置在底板主龙骨下方。

在千斤顶、油泵安装到位后,将钢绞线的一头穿过千斤顶,穿过后在钢绞线上安装连接头(此时夹持器处于打开状态),然后下放钢绞线,将连接头与钢围堰壁板挂腿连接。提升系统安装完成后示意如图 6-7 所示。

提升系统的具体安装步骤如下:

(1)按照设计图及时施工钢护筒牛腿及提升系统承重梁;

(2)接长钢绞线,安装提升钢绞线并先锚固底板吊点;

(3)拧紧顶部承重梁位置吊点,安装千斤顶和扁担梁;

(4)千斤顶打紧每个吊点,使钢绞线均匀受力拉紧即可。

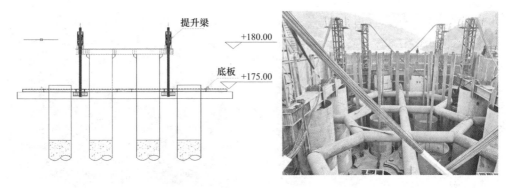

图 6-7　提升系统安装完成后示意

6.3.2　钢吊箱围堰定位导向系统的安装

1. 钢吊箱围堰定位导向装置的安装

双壁钢围堰平面位置控制的重点在于能有效地将强大的水平荷载进行传递和消耗，在约束钢围堰的移动空间的同时，又不至于破坏壁体结构和钢护筒。对于水位大幅涨落条件下双壁钢围堰下放采用已施工完成的钢护筒作为支撑结构，将导向装置横撑等构件与钢护筒进行连接，然后拼装完成的钢围堰通过定位下放到设计位置。

安装前测量确定钢护筒、钢围堰的相对位置，计算出钢围堰与钢护筒之间的距离，考虑在钢护筒与钢围堰内壁之间留 10 cm 空隙作为钢围堰下放时调整空间，根据所测尺寸及所需预留尺寸加工橡胶护舷，加工完成后进行导向装置的安装（图 6-8～图 6-11）。钢围堰导向装置采用 DA 型橡胶护舷（DA 型橡胶护舷具有吸收能量高和反力低的特点，因此，DA 型橡胶护舷比普通拱形护舷吸收能量的能力高），导向装置通过螺栓机械连接固定于钢护筒外侧。

2. 钢吊箱围堰定位导向装置的安装措施

（1）定位导向装置安装之前先放样出钢吊箱围堰的内边线，量测出内边线到桩基护筒的最小距离，然后根据不同的距离加工不同尺寸的导向装置。

（2）导向装置与桩基护筒之间采用螺栓机械连接，定位导向装置安装前在护筒开直径比螺栓直径大 5 mm 的螺栓孔。

（3）螺母垫片的厚度不小于 6 mm，螺栓拧紧采用扭力扳手进行拧紧，力矩为 200～250 N·m。

（4）需在钢围堰自上而下设置不小于两道导向装置，当钢围堰总高度大于 8 m 时，则对导向装置进行加密，保证上下两道导向装置之间的距离不大于 8 m。

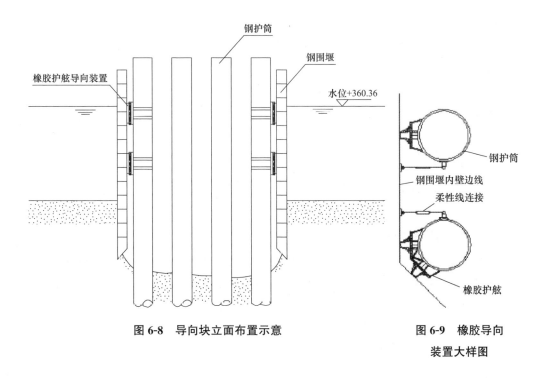

图 6-8 导向块立面布置示意

图 6-9 橡胶导向装置大样图

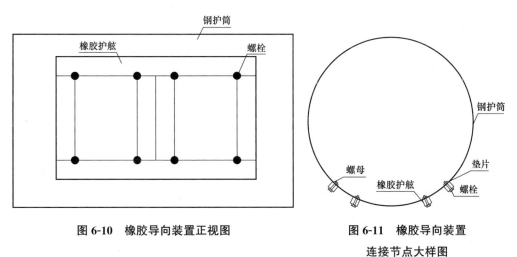

图 6-10 橡胶导向装置正视图

图 6-11 橡胶导向装置连接节点大样图

6.3.3 钢吊箱吊起(试提)与平台拆除

1. 钢吊箱吊起(试提)

在首节钢围堰下放前,做好以下四项工作:

第一项,对提升系统进行调试,以确定每台千斤顶是否处于良好的状态,检测伸缩行程是否一致；

第二项，根据各千斤顶在钢围堰平衡下放时的荷载进行逐一预拉；

第三项，完成预拉后，锁紧下夹持器，将主顶活塞向下缩回到统一的高度位置，作为整个系统的下放起点；

第四项，穿心千斤顶提升（下放）千斤顶，利用上、下夹持器进行松、紧锚作业。

千斤顶先空载上升 10 cm，上夹持器夹住钢绞线，下夹持器打开，继续上升 5 cm，钢围堰自重力转移至千斤顶上夹持器，继续上升，使其脱离平台 30 cm。

2. 钢吊箱拼装平台拆除

钢吊箱脱离平台后，拆除拼装平台型钢。用钢丝绳将需割除的梁段连接在钢管的外侧面，先在外侧割断型钢，然后沿护筒壁处割断型钢。拆除顺序：从底板中心往四周方向拆除。

6.3.4 钢吊箱围堰下放

1. 吊点载荷控制

吊点载荷控制是钢围堰下放的核心环节，不仅关系到钢围堰下放系统的安全，还可用于指导舱壁内注水、连通管开闭、舱壁混凝土浇筑及辅助纠偏等。吊点载荷控制由计算机控制系统完成，该系统主要由计算机控制中心(1 个)、液压千斤顶(350 t，8 台)、液压泵站(2 台)、行程传感器(8 套)及压力传感器(8 套)组成。

由于钢吊箱竖向刚度大，在下放时各点载荷控制难度也极大。若控制策略不当，会造成某吊点载荷激剧下降，邻近吊点载荷剧烈上升，严重时会造成与吊点相连的支撑结构和钢吊箱局部支撑能力不足而遭到破坏，为此仿真制定了一种"4 点位置同步、4 点载荷跟踪"的方案。

对于相对刚度较小的吊点来说，由于位置偏差而引起的吊点载荷变化不是太大，选用位置同步控制既可以保证吊点之间的位置关系，又可以保证吊点的载荷变化不大；对于相对刚度较大的吊点来说，由于位置微小的偏差，会引起吊点载荷的剧烈变化，选用位置同步控制将会引起吊点载荷的剧烈振荡，所以，应选择载荷跟踪控制方式。

从整个钢吊箱下放控制来看，当遵循位置同步控制方式的吊点越多时，钢吊箱空中姿势控制效果越好，吊点载荷波动可能越大；反之，当遵循载荷跟踪控制方式的吊点越多时,吊点载荷控制效果越好,其空中姿势控制效果越差。

选择"4 点位置同步、4 点载荷跟踪"的控制策略:

(1)吊点 1 为整个下放系统的主令吊点,其他 7 个吊点为跟随吊点。

(2)相对刚度较小的吊点——吊点 4、吊点 5、吊点 7 以位置同步控制方式跟随主令吊点 1。通过控制这 4 个吊点的位置偏差,保证钢吊箱的空中姿态正确。

(3)其他各个吊点以载荷跟踪方式跟踪其附近的位置控制吊点。例如,吊点 8 附近的位置控制的吊点是吊点 7 和吊点 1,吊点 8 控制就是跟踪吊点 1 和 7。

吊点布置图如图 6-12 所示。

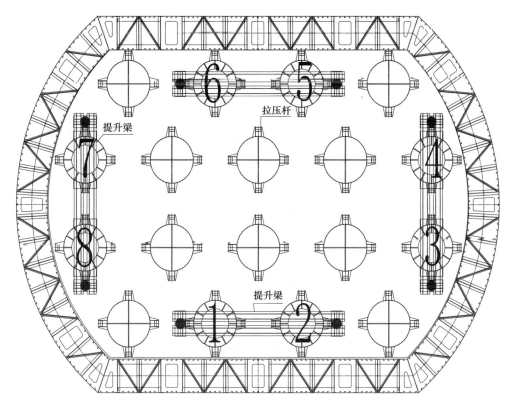

图 6-12 吊点布置图

吊点载荷控制过程如下:每个下放吊点处布置 1 个压力传感器,吊点处的液压千斤顶受载、处于下放状态时,压力传感器将相应的千斤顶载荷信息传递到计算机控制中心,经计算机控制中心反馈后,技术员下达指令或系统自动下达指令,通过调节液压泵站的比例阀,控制油缸缩缸速度,实现合理控制各个吊点载荷。由于液压系统调节线性度较好，载荷均衡调节对结构本体带来的附加载荷极小。

千斤顶下放时，各个行程传感器将对应的油缸伸缩量（即下放高度）传递到计算机控制中心，技术员可直观地从操作界面了解到各个吊点的下放行程及同步性能（可精确到 1 mm），从而进行正确的决策。计算机控制中心对各个千斤顶既可实行联动，也可根据需要单独动作，从而更加灵活地实现吊点载荷控制和行程控制。

根据桥位处的地质条件、水位变化及下沉的工艺，经过分析制定双壁钢围堰在不同过程中的吊点载荷控制参数及超过参数时的处理措施（一种"4 点位置同步、4 点载荷跟踪"的控制措施）。钢围堰在下沉过程中，通过对吊点载荷的控制，单个千斤顶索力始终保持在 200~1 500 kN，既保证了下沉过程中承重系统的安全，又明确地指导了吸泥、开闭连通管、浇筑舱壁混凝土配重及下放吊点千斤顶等工序的实施，加快了下沉速度。

2. 钢吊箱围堰下沉纠偏

当双壁钢围堰下沉过程中平面偏位或垂直度超过规范要求时，须进行纠偏处理。双壁钢围堰的下沉实质上就是一个不断纠正平面位置和垂直度的过程。纠偏的依据是测量监控的结果及计算机控制中心反馈的行程传感器的结果。钢围堰在下沉过程中，根据不同的阶段共采取了以下 3 种纠偏措施：

(1) 充分利用吊点的载荷控制，在下沉多的一侧适当伸缸，在下沉少的一侧适当缩缸。

(2) 充分利用配重，在吊点载荷允许的前提下，增加下沉慢的一侧的质量，加速下沉。

(3) 通过定位导向系统约束钢围堰，确保钢围堰的总体偏差在可控的范围内。通过不断纠偏，使该桥钢围堰的平面偏位始终保持在允许范围内。

6.3.5 导管布置

采用一次满布设导管法，总计布置 34 根导管。导管在平面上的布设原则：应使各导管的有效流动半径不留间隙地互相搭接，形成一个完整的隔水面；导管间距一般以 3~5 m 为宜，原则上每三个钢护筒围成的区域应布设一根导管，但考虑到相邻导管的相互补充作用，可适当酌减。钢吊箱封底分为四个区域，导管作用半径按 3 m 进行布置，其中区域 1、区域 4 布置 9 根导管，区域 2、区域 3 布置 8 根导管。封底混凝土监测点位置布置原则：在各导管的有效流动半径搭接处，钢吊箱壁板内侧及拐角处，每根钢护筒四周设置3个测点。导管作用半径及监测点布置图如图6-13所示。

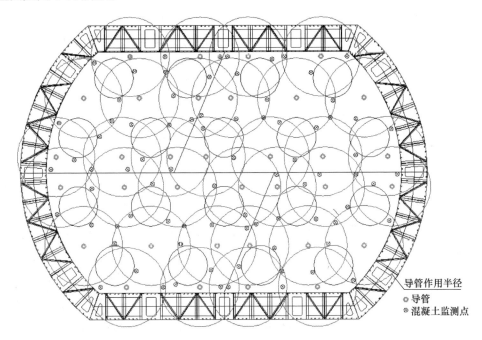

图 6-13 导管作用半径及监测点布置图

6.3.6 钢围堰封底施工

1. 封底混凝土优化

（1）优化方案。由于防洪与调节下游水量需要，三峡库区可能因临时放水及蓄水导致水位大幅升降。针对可能出现的最低施工水位+143.33 m，计算封底混凝土厚度为5.55 m。但应指出的是，采用5.55 m厚封底混凝土虽能够保证钢吊箱围堰的施工安全，但缺乏一定的经济性和合理性。需通过增设抗剪连接件的方式分析封底混凝土厚度优化方案的适用性。

设置抗剪连接件既要满足钢护筒与混凝土界面的抗剪要求，也要保证经济适用性及施工便捷性。因此，抗剪连接件的选择尤为重要。栓钉作为一种柔性连接件，通过其根部的弯曲、拉伸和剪切变形来抵抗钢护筒与混凝土连接处的剪力，具有方便焊接施工、变形能力良好等优点，能够在减小封底混凝土厚度的同时，取代钢护筒与封底混凝土之间的粘结作用。

（2）受力计算。在实际设计中，因增设抗剪连接件后封底混凝土与钢护筒之间的粘结破坏机理十分复杂，所以，将封底混凝土与钢护筒之间的粘结作为安全储备，仅考虑依靠增设的抗剪连接件满足受力要求。

根据《钢结构设计标准》(GB 50017—2017)，栓钉连接件可能的破坏形态为混凝土局部受压破坏或栓钉剪切破坏。栓钉连接件的受剪承载力取两种破坏形态对应承载力中的较小值。其中，混凝土局部受压承载力 V_{u1} 的计算公式为

$$V_{u1}=0.43A_{st}\sqrt{E_c f_c} \tag{6-1}$$

式中 A_{st}——栓钉杆横截面面积；
E_c——封底混凝土弹性模量；
f_c——混凝土轴心抗压强度设计值。

栓钉受剪承载力的计算公式为

$$V_{u2}=\alpha A_{st} f_u \tag{6-2}$$

式中，当 $f_c \leqslant 40$ MPa 时，α 取 0.7；f_u 为栓钉极限抗拉强度。

栓钉连接件布置图如图 6-14 所示。

(3) 计算模型及计算结果。

工况一：封底混凝土固结，壁舱间注水与江水相平，吊箱内抽水，吊箱内支撑承受较大轴向载荷，底板与封底混凝土自重及封底混凝土与钢护筒之间的握裹力一起抵抗浮托力等竖向水压力状态时封底混凝土强度计算。

工况一封底混凝土强度计算结果如图 6-15 所示。

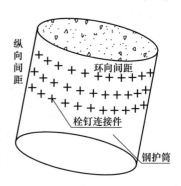

图 6-14 栓钉连接件布置图

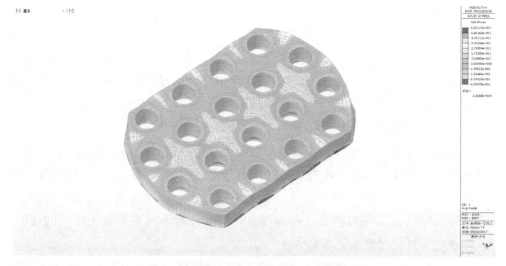

图 6-15 工况一封底混凝土强度计算结果

封底混凝土最大压应力为 0.44 MPa，最大拉应力为 0.68 MPa，满足要求。

工况二：封底混凝土固结，吊箱内抽完水，钢护筒切除至封底混凝土顶部，拉压杆也切除至与钢护筒相同标高并与护筒焊接牢固，底板与封底混凝土及拉压杆一起承受浮托力、承台混凝土等竖向荷载。

工况二封底混凝土强度计算结果如图 6-16 所示。

图 6-16　工况二封底混凝土强度计算结果

2. 抗剪连接件施工

栓钉连接件与钢护筒之间的焊接质量是保证栓钉连接件发挥抗剪能力，确保钢吊箱围堰施工安全的关键。采用先焊接栓钉连接件，再插打钢护筒的施工方式存在以下问题：

(1) 由于底板预留孔洞大小与钢护筒直径相近，钢吊箱围堰下放容易受到栓钉连接件的影响。

(2) 栓钉连接件长期浸泡在水中会产生锈蚀，造成栓钉连接件与钢护筒之间粘结性能退化。选择在钢吊箱围堰定位下放至设计标高后，采用局部干法焊接的方法对栓钉连接件进行水下焊接。局部干法水下焊接设备简单，成本较低，作业周期短，环境适应性较好。运用微型排水设备将栓钉焊接部位处的一小块区域水排开，从而近似实现干法焊接的效果。

3. 吊箱与桩过孔上拉封底措施

在每个桩过孔的位置处配备有两个半圆环形板，半圆环形板的外缘中部分别铰接在吊箱的底板下方，且两个半圆环形板相对设置。此外，半圆环形板的内缘中部各系有一根钢丝绳；当吊箱下落时，半圆环形板在重力作用下向下打开；当吊箱下落到位后，通过拉动钢丝绳使半圆环形板向上翻转至水平状态，两个半圆环形板拼合后正好能将对应的桩过孔封堵住。底板开孔封堵示意如图 6-17 所示。

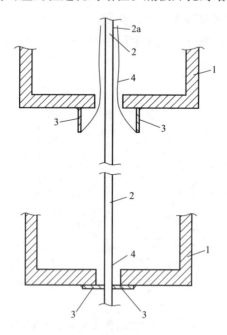

图 6-17　底板开孔封堵示意

1—钢吊箱围堰；2—桩基护筒；3—半圆环形板；4—钢丝绳

2a—钢护筒上所做标记，用于判断钢丝绳是否拉到位

4. 封底混凝土浇筑

钢吊箱水下封底采用泵车泵送混凝土方式进行。在两支栈桥与主栈桥连接处各配备一台作用半径 37 m 型泵车，分别对四个隔舱封底混凝土进行浇筑，封底混凝土。

灌注顺序：封底混凝土浇筑分四个隔舱进行，分别对应区域 1、区域 2、区域 3、区域 4。按斜对称顺序进行，浇筑先后顺序为区域 4、区域 1、区域 2、区域 3。区域 4（区域 1、区域 2、区域 3 方法相同）隔舱共 9 根导管，两台泵车同时浇筑两根导管，分别从起点浇筑至终点。封底混凝土共 3.5 m 厚，分层分块进行，首层浇筑 50 cm，首层封底混凝土浇筑完成后保持 9 根导管均埋入混凝土至少 20 cm，首层封底完成后，按每层 1 m 进行分层封底施工。

在各项准备工作就绪，并进行试运转后才能灌注混凝土。混凝土的灌注应遵守以下原则：一次到位，储料足够，保证埋深。

测点布置：测量封底混凝土施工前，在每个导管及两个导管混凝土作用半径交点处均布设一个测点,护筒周围布设三个测点。混凝土面高度监测采用测绳进行测量,每个监测点设专人测量监测并将数据反馈工程部进行统一分析调整。浇筑混凝土时应做好测深、导管原始长度、测量基准点标高等记录,同时,每根导管封口结束后应及时测量其埋深与流动范围,做好详细记录,并以测点为控制点绘制混凝土深度断面图以做施工控制图。

混凝土正常灌注:封底混凝土总厚度为3.5 m,为保证导管有一定埋深,一般不随便提升导管,即使需要提管,每次提升的高度都严格控制在50 cm之内。

浇筑过程中注意控制每一浇筑点补料一次后的标高,以及周围5 m范围内的测点都要测一次,并记录灌注、测量时间。

终浇:封底混凝土顶面标高为134.6 m,根据现场测点的实测混凝土高程,确定该点是否终浇,终浇前上提导管适当减小埋深,尽量排空导管内混凝土,使其表面平整。混凝土浇筑临结束时,全面测出混凝土面标高,重点检测导管作用半径相交处、护筒周边、吊箱内侧周边转角等部位,根据结果对标高偏低的测点附近导管增加浇筑量,力求封底混凝土顶面平整,并保证封底厚度达到要求,当所有测点均符合要求后,终止混凝土浇筑,上拔导管,冲洗堆放。

6.4 钢围堰施工及监控

6.4.1 总体施工方案

在钢吊箱制作场地内设置两台35 t龙门式起重机用于原材料及半成品的吊装,钢吊箱分块制造完成并验收及检测合格后,利用50 t汽车式起重机吊装、30 t平板车运至主墩平台,满足构件的吊装、转运要求。

主墩钻孔全部施工完成后,及时拆除钻孔区域内的所有构件,然后在钻孔平台区域钢护筒周围(标高175 m,可根据钢吊箱开始安装时水位情况进行调整)搭设钢吊箱拼装平台,拼装平台搭设完毕后,采用80 t龙门式起重机,人工配合分节、分块地安装钢吊箱底板、首节壁板、首节拉压杆和首节内支撑,完成钢吊箱整体拼装并验收合格后,开始进行钢吊箱下放工序。

通过设置在钢护筒上的下放系统整体下放,用千斤顶顶起钢吊箱,使其脱离平台30 cm高度,然后拆除拼装平台,转换吊点后在钢吊箱内外水头一致的情况下,安装钢吊箱悬吊杆件,并用悬吊系统固定钢吊箱使其自浮,在自浮状态安装剩余钢吊箱。第二节钢吊箱安装完成后，下放钢吊箱前在钢吊箱壁板内对称浇筑井壁混凝土（井壁混凝土总高为 8.5 m），自浮状态按照钢吊箱按设计要求钢吊箱围堰顶面高出水面不少于 2 m。钢吊箱安装完成后，采用下放系统将钢吊箱围堰下放至设计标高。

将钢吊箱拉压杆上端与钢护筒按设计要求进行焊接连接，封堵钢护筒四周洞口，搭设封底平台，浇筑 3.5 m 厚封底混凝土浇筑，待封底混凝土强度达到设计要求后，采用水泵将钢吊箱内部水全部抽干，将钢吊箱拉压杆下端与钢护筒按设计要求进行焊接连接，并将钢吊箱拉压杆上端与钢护筒焊接连接解除，完成体系转换。凿出多余桩头，准备承台施工。

6.4.2 施工工艺流程图

钢吊箱围堰施工工艺流程如图 6-18 所示。

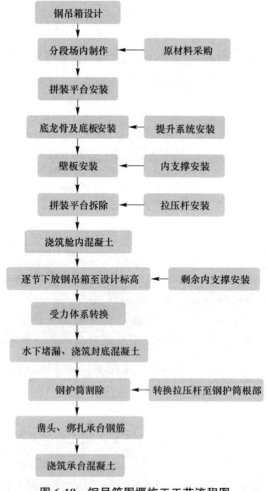

图 6-18 钢吊箱围堰施工工艺流程图

6.4.3 钢吊箱围堰下放、封底施工步骤图

钢吊箱围堰在施工过程中，围堰下放和封底是至关重要的环节。钢吊箱的下放、封底步骤图如图 6-19 所示。

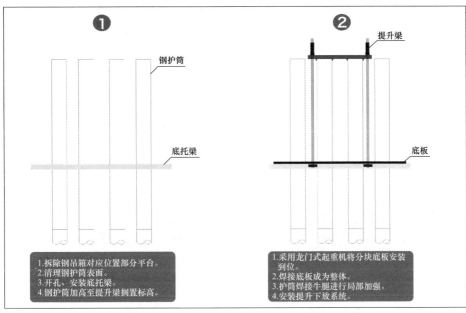

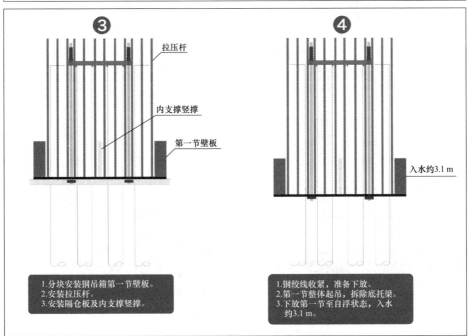

图 6-19 钢吊箱围堰施工步骤图

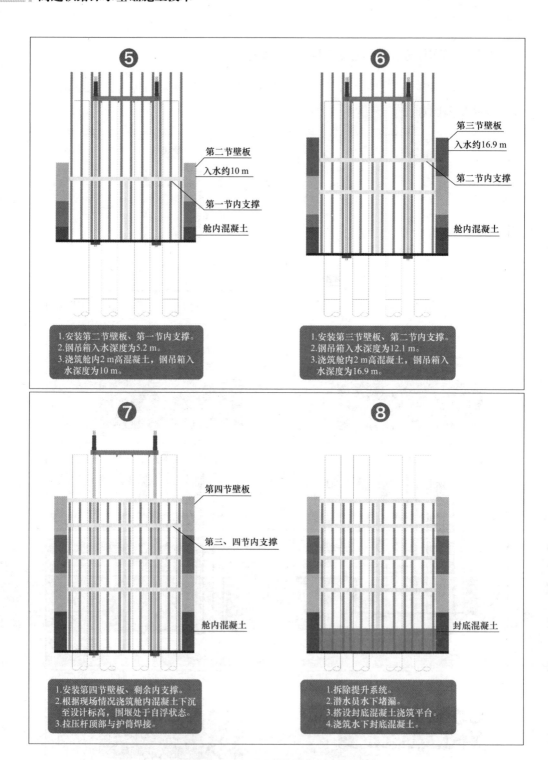

图 6-19 钢吊箱围堰施工步骤图(续)

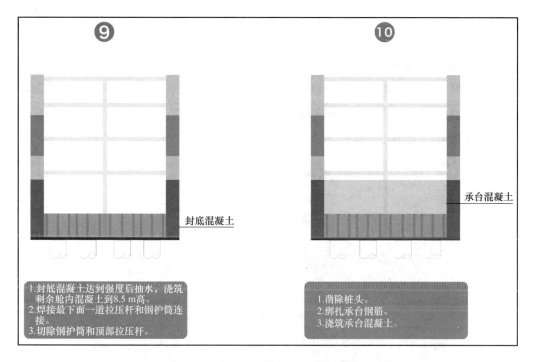

图 6-19　钢吊箱围堰施工步骤图(续)

6.4.4　钢吊箱加工及运输

钢吊箱围堰单元件制造、节段制造在加工厂完成，节段加工完成后运输至钻孔平台完成现场拼装。

钢吊箱围堰由底板、壁板、内支撑、提升系统、拉压杆组成。壁板纵向由4节构成，高度分别为 7.5 m、7.5 m、7.5 m、8.4 m，共 30.9 m。钢吊箱围堰节段块完成加工后，先用汽车式起重机转运在平板货车上，穿过黄石大桥后达到项目部卸砂码头，再用汽车式起重机转运至平板渡船上，分别运至10号、11号栈桥下，最后由汽车式起重机运至栈桥上进行拼装。

6.4.5　钢吊箱现场拼装与下放

主墩钢吊箱采用在现场散拼方法组拼，钢吊箱壁板设计四层(底节壁板3节各 7.5 m，顶节 8.4 m)，内支撑四层。在钢吊箱拼装平台上组拼底板、第一节壁板(高度为 7.5 m)、拉压杆、吊挂系统，完成首节钢吊箱整体拼装。利用吊挂系统将钢吊箱向上提成 30 cm，割除拼装拼台，利用吊挂系统将首节钢吊箱下放至自浮状态并进行剩余节段拼装与井壁混凝土浇筑，完成钢吊所有节段拼装与井壁混凝土浇筑。最后，利用吊挂系统将整个钢吊箱下放至设计标高位置。

1. 钻孔平台拆除

主墩钻孔施工即将完毕或已完成后，拆除护筒区平台，从江心侧向岸侧、从桥梁中心线方向拆除，拆除钢吊箱安装下放范围内的所有钻孔平台材料。钻孔平台拆除如图 6-20 所示。

图 6-20 钻孔平台拆除

2. 拼装平台设计

底板拼装平台利用钢护筒作为承重基础，采用工字钢横穿钢护筒在护筒内侧焊接承重牛腿设计形式。其布置形式与数量综合底板分块方式确定，底板平台顶标高设置在 175 m 位置。根据钢吊箱设计方案，底板龙骨横向大龙骨采取通长布置。根据底板结构设计形式，钢吊箱拼装平台采用横穿护筒悬挑型钢＋焊接型钢的形式，并在型钢下焊接加强牛腿确保受力安全，外围 12 根钢护筒上所安装的工字钢按双拼 I40a 工字钢进行布置，中间 6 根钢护筒上所安装的工字钢按 I20a 进行布置。

3. 底板拼装

拼装平台施工完毕后，利用支栈桥上 80 t 龙门式起重机进行钢吊箱底板安装焊接成整体。底板分块在加工厂制作，共分为 14 个单元，最大单元块尺寸 5.6 m× 11.2 m，满足现场拼装要求。拼装顺序按照"先里后外、对称安装"的原则进行。底板拼装如图 6-21 和图 6-22 所示。

图 6-21 底板龙骨拼装

图 6-22 底板拼装

4. 提升下放系统安装

底板拼装焊接成整体后进行提升下放系统(钢吊箱围堰下放主要承重部件)安装,共计 4 套。每套提升系统由 2 个 350 t 连续千斤顶、2×21 根 φ15.2(1 860 MPa)钢绞线、支撑梁(HN700×300)及下吊挂梁(钢板加工)组成。提升系统支撑梁通过牛腿(I40)焊接固定在护筒顶部,支撑梁采用双拼 HN700×300 的型钢两端设置吊挂梁作为提升系统的上部固定端。护筒高度应根据平台标高和实际情况进行加高 5 m 至 180.00 m。提升下放系统安装如图 6-23 所示。

图 6-23 提升下放系统安装

5. 侧板安装

主墩钢吊箱设计分为四层：底3节各7.5 m，顶节8.4 m。首次组拼下放底节围堰，高度为7.5 m。根据水位情况及时拼接在底板上。吊箱侧板及底板、内支撑采取整体下放方案。侧板根据结构设计平面共分为20块。钢吊箱侧板组拼具体施工步骤如下：

（1）底板组拼完成后，再根据底板中心线放样出侧板内外轮廓线，并做好标示。

（2）在底板上设置定位块，起吊侧板置于限位块内，检查其底部位置，直至满足要求。用手拉葫芦（或千斤顶）调整其垂直度，采取吊垂线、电子水平尺进行双控检查复核,直到满足要求。

(3)在侧板块两端的内外侧同时将侧板与底板焊接固定,解除吊钩。

(4)采取上述方法吊装第二块侧板,调整垂直度及端部焊缝宽度,满足要求后与底板焊接固定,同时,在侧板顶部焊接相邻侧板之间的环板,解除吊钩。

(5)按照步骤(4),从两侧依次拼装侧板,直至合龙段。

第一层围堰壁板安装完成后,利用顶、垫、拉和支撑等方法对其进行校正,并进行水密性试验。侧板拼装如图 6-24 所示。

图 6-24　侧板拼装

6. 提升下放技术

钢吊箱围堰提升下放千斤顶系统,共计 4 套。每套提升系统由两个 350 t 连续千斤顶、2×21 根 $\phi15.2$(1 860 MPa)钢绞线、支撑梁(HN700×300)及下吊挂梁(钢板加工)组成。提升系统平面布置如图 6-5 所示。

提升系统支撑梁通过牛腿焊接固定在护筒顶部,支撑梁两端设置吊挂梁作为提升系统的上部固定端,如图 6-25 所示。

提升系统下部由 P 型锚具及吊挂梁固定组成。吊挂梁应在围堰加工厂内提前加工到位,其设置在底板主龙骨下方,如图 6-25 所示。

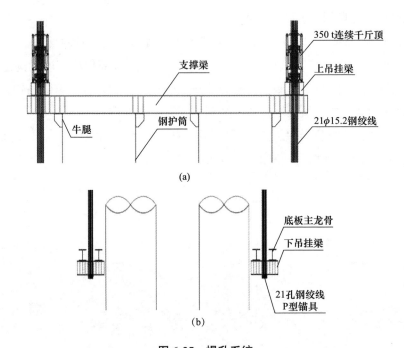

图 6-25 提升系统

(a)上部提升系统；(b)钢吊箱提升系统

具体安装步骤如下：

(1)按设计图及时施工钢护筒牛腿及提升系统承重梁；

(2)接长钢绞线，安装提升钢绞线并先锚固底板吊点；

(3)拧紧顶部承重梁部位的吊点，安装千斤顶和扁担梁；

(4)千斤顶打紧每个吊点，使钢绞线均匀受力拉紧即可。

7. 内撑安装下放技术

内支撑沿围堰高度方向分为4层，首层内撑在第二节围堰壁板安装完成后进行搭设。先安装竖向支撑，再进行横撑的安装，竖向支撑在第一节围堰壁板安装完成后进行，与底板大龙骨焊接成整体。

整体构件安装前在内壁板上焊接临时牛腿，便于支撑构件搁置，内支撑钢管与内壁板焊接部位采用钢板焊接补强。内支撑在场内提前根据设计图下料，现场拼装固定。根据设计图，每层内支撑竖向在中间节点处设置四根钢管，安装内支撑前先安装竖向钢管，采用铅垂线与全站仪测量相结合的方式对其垂直度进行测量，并矫正。内支撑分层安装，分层固定，每层内支撑安装完成后按要求进行钢吊箱下放准备。内撑找平采用在吊箱内壁板焊接三角支撑牛腿定位其焊接位置。

钢吊箱水平内支撑分块示意如图 6-26 所示。

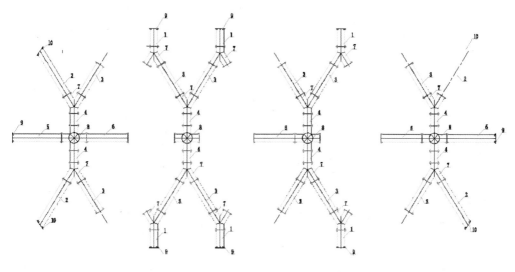

图 6-26 钢吊箱水平内支撑分块示意

8. 钢吊箱围堰封底技术

为确保封底混凝土质量,减少渗水可能,在底板上设置隔仓板,对封底进行分区。该工程中隔仓板采用 3 mm 钢板与 I10 工字钢加工而成,需在工厂内提前加工完成,在第一节壁板完成安装后,将隔仓板运输至现场,通过龙门式起重机吊装后,与底板焊接。当隔仓板与拉压杆、护筒有碰撞时,需调整隔仓板位置。为确保隔仓板稳定性,通过在隔仓板上焊接斜撑,支撑于底板,斜撑采用 I10 工字钢,与隔仓板夹角 30°布置。底部隔仓板示意如图 6-27 所示。

为保证内撑的稳定,内撑设置有竖向支撑钢管,竖向支撑采用 630 mm × 10 mm 钢管,其安装分层进行;底部竖撑支撑在围堰底板大龙骨上,采用焊接连接,为防止出现渗水,钢管采用钢板封底。

封底混凝土施工采用集料斗,多导管、多点逐步推进的封底施工工艺。封底的关键在于护筒的封堵。钢吊箱调整到位并固定后,由潜水员水下收紧固定环向钢板带,封堵钢护筒与钢吊箱底板间的间隙,并在环向钢板带上收紧压实沙袋。由于水下操作不方便,极易造成空隙封堵不严实,在封底混凝土灌注前,应安排潜水员水下检查,发现问题及时处理。

封底混凝土施工采用布设导管分仓浇筑方法,导管布置前搭建封底混凝土浇筑作业平台(后称为封底作业平台)。封底作业平台采用在基桩钢护筒(ϕ2.8 m 护筒)上铺设双拼I40a工字钢作为承重梁,在双拼I40a工字钢上铺设321型贝雷梁,贝雷梁片数由导管位置与混凝土料斗(7 m³型料斗)确定。贝雷梁共计18排148片321型贝雷片。封底作业平台示意如图6-28所示。

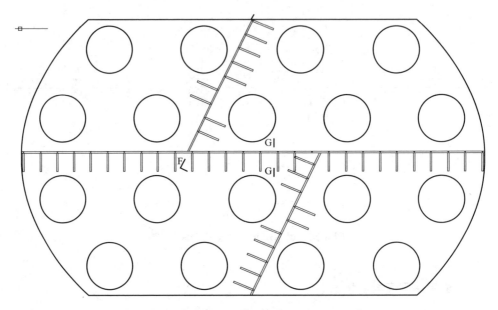

图 6-27 底部隔仓板示意

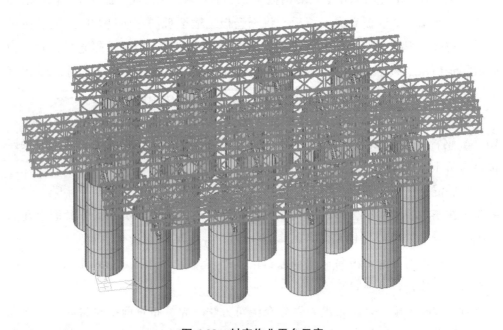

图 6-28 封底作业平台示意

9. 受力体系转换技术

为了确保围堰在施工过程中的稳定性，实现受力体系顺利转换，通过设置拉压杆将施工过程中荷载传递至基桩钢护筒上。单个围堰共设置72根拉压杆，每个钢护筒设置4根（四周各1根），每根拉压杆由2[236a槽钢拼成箱形断面，长度为30.9 m（满足可施焊，根据水位情况可适当减短）。拉压杆与底板大龙骨采用焊接连接，焊接处大龙骨腹板两侧采用加强钢板进行补强，如图6-29所示。

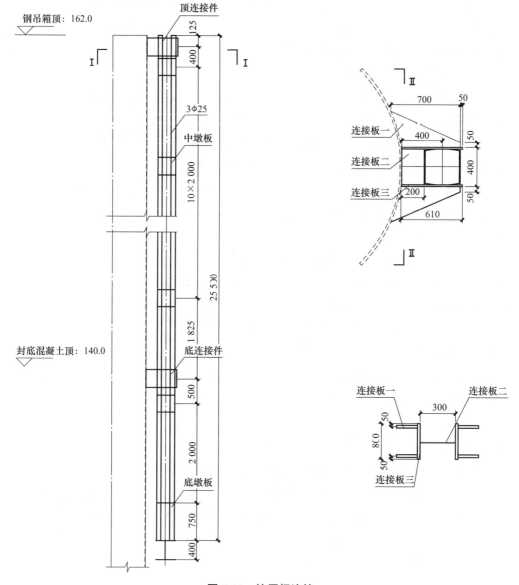

图 6-29　拉压杆连接

拉压杆与护筒之间通过加工的连接板进行焊接相连，顶连接板在钢吊箱下放到位后，与钢护筒顶部相连，底连接板在钢吊箱内完成封底并抽水后与钢护筒底部相连，实现受力体系转换；同时，在钢吊箱下放的各个阶段，为确保钢吊箱平面位置和稳定，可利用拉压杆与钢护筒采用连接板临时固定。

10. 钢吊箱封底

封底混凝土为 C30 水下混凝土，设计厚度为 3.5 m，水下浇筑施工偏差控制在 30 cm 以内。总方量约为 1 200 m^3，封底分四次进行，按四个封底混凝土隔舱斜对称封底，封底施工顺序为区域 1、区域 4、区域 2、区域 3。封底混凝土施工采用集料斗，多导管、多点逐步推进的封底施工工艺。混凝土由陆上搅拌站生产，经泵车泵送至集料斗。

(1)导管与封底混凝土监测点平面布置。采用一次满布设导管法，总计布置 34 根导管，导管的直径为 300 mm，长度为 30.6 m，导管在平面上的布设原则：应使各导管的有效流动半径不留间隙地互相搭接，形成一个完整的隔水面；导管间距一般以 3～5 m 为宜，原则上每三个钢护筒围成的区域应布设一根导管，但考虑到相邻导管的相互补充作用，故可适当酌减。钢吊箱封底分为四个区域，导管作用半径按 3 m 进行布置，其中区域 1、区域 4 布置 9 根导管，区域 2、区域 3 布置 8 根导管。

(2)封底混凝土浇筑。彭溪河多线特大桥主墩钢吊箱水下封底采用泵车泵送混凝土方式进行。在钢栈桥两支栈桥与主栈桥连接处各配备一台作用半径 37 m 型泵车，分别对四个隔舱封底混凝土进行浇筑，封底混凝土浇筑厚度为 3.5 m。

封底混凝土浇筑分为四个隔舱进行，分别对应区域 1、区域 2、区域 3、区域 4。按斜对称顺序进行浇筑，即浇筑的先后顺序为区域 4、区域 1、区域 2、区域 3。

区域 4(区域 1、区域 2、区域 3 方法相同)隔舱共 9 根导管，两台泵车同时浇筑两根导管，分别从起点浇筑至终点。封底混凝土共 3.5 m 厚，分层分块进行，首层浇筑 50 cm，首层封底混凝土浇筑完成后保持 9 根导管均埋入混凝土至少 30 cm，首层封底完成后，按每层 1 m 进行分层封底施工。

向集料斗内放料前，在导管内放置圆柱式塑料(泡沫)隔水塞，用钢板塞堵住管口并用龙门式起重机(或起重机)挂住钢板塞。首批封口混凝土浇筑完成后，导管埋深在 0.3 m。在一根导管封口完成后进行其相邻导管封口时，先测量待封导管底口处的混凝土顶标高，根据实测重新调整导管底口的高度。为保证封口混凝土的顺序进行，在每根导管封口完成后，控制同一导管两次灌入混凝土的间隔时间不小于 90 min。

11. 封底混凝土施工

(1)钢吊箱底板封堵施工。

1)封堵钢板的固定与堵漏。钢吊箱调整到位并固定后,由潜水员水下收紧固定环向钢板带,封堵钢护筒与钢吊箱底板间的间隙,并在环向钢板带上收紧压实沙袋。由于水下操作不方便,极易造成空隙封堵不严实,在封底混凝土灌注前,应安排潜水员水下检查,发现问题及时处理。

施工时,封堵钢板由潜水员在水下固定。首先将钢板安放于钢护筒周围,利用螺栓将各封堵钢板连接成一个整体。当封堵钢板固定完成以后,各封堵钢板及封堵钢板与钢护筒之间留有一定空隙,这时可用麻袋装混凝土对该部分进行封堵,混凝土高度依封堵效果而定。封堵底板施工时,对封堵钢板进行编号,依次封堵,由工区技术员统一记录,并由质检部复核检测。安装完成后,经历涨落潮影响后,再次复核,施工时应注意以下两种情况:

①潜水员应检查全部底板孔洞位置的封底情况,对检测不合格的地方采取加钢板带及堆码沙袋的措施进行处理;

②底板和侧板倒角位置处,排查是否有严重漏水情况。如存在漏水情况,则应采取水下焊接、堆码沙袋等措施进行处理。

钢吊箱底板与钢护筒之间缝隙封堵示意如图 6-30 所示。

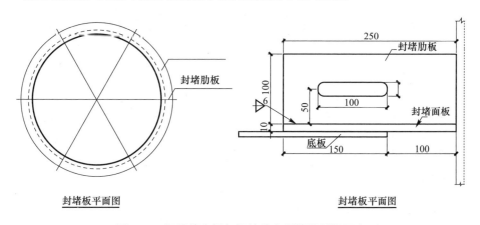

图 6-30 钢吊箱底板与钢护筒之间缝隙封堵示意

2)封堵观测。由于封底混凝土是分区施工的,故在钢吊箱封堵的同时,进行封底的交叉作业。

在封堵过程中,对封堵效果进行以下监控:

①混凝土浇筑前,再次下水检查确认。

②对封底混凝土进行定期测量。当发现封底混凝土标高抬高情况与封底混凝土浇筑方量不吻合时，对封堵装置进行检查。

③观测吊箱外侧水的颜色，当外侧出现大量与混凝土颜色相同的水后，即判断出现堵漏问题，立即采取措施封堵。

④观测钢护筒周围水面情况，若出现翻水花情况，则可能出现漏洞。

3)封底混凝土导管布置。采用一次满布设导管法，总计布置34根导管。导管在平面上按以下原则布置：

①导管远离钢护筒50 cm以上，避免混凝土直接冲击封堵板。

②应使各导管的有效流动半径不留间隙地互相搭接，形成一个完整的隔水面；导管间距一般以3~5 m为宜，原则上每三个钢护筒围成的区域应布设一根导管，但考虑到相邻导管的相互补充作用，可适当酌减。

③吊箱内壁与最外围钢护筒间布置有一排导管，确保该部分混凝土厚度，以防渗水。

④导管与钢护筒外侧壁尽量保持一定距离，有利于混凝土的均匀扩散。

钢吊箱封底分为四个区域，导管作用半径按3 m进行布置，其中区域1、区域4布置9根导管，区域2、区域3布置8根导管。封底混凝土浇筑分区如图6-31所示。

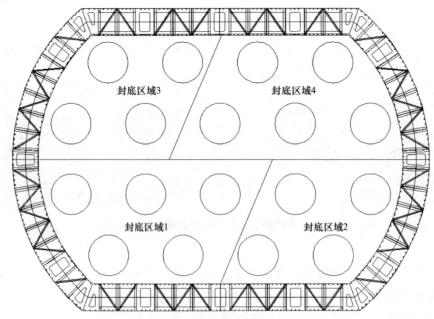

图6-31　封底混凝土浇筑分区图

4）封底混凝土监测点布置。封底混凝土监测点位置布置原则：在各导管的有效流动半径搭接处，钢吊箱壁板内侧及拐角处，每根钢护筒四周设置3个测点。导管及封底混凝土监测点布置如图6-32所示，导管作用半径及监测点布置如图6-13所示。

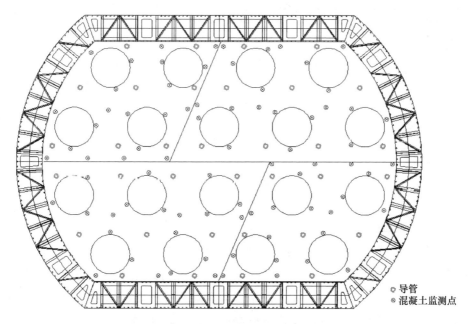

图6-32　导管及封底混凝土监测点布置图

（2）封底混凝土浇筑。

1）封底混凝土灌注方法。彭溪河多线特大桥主墩钢吊箱水下封底采用泵车泵送混凝土方式进行。在钢栈桥两支栈桥与主栈桥连接处各配备一台作用半径37 m型泵车，分别对四个隔舱封底混凝土进行浇筑，封底混凝土浇筑厚度为3.5 m。泵车站位如图6-33所示。

2）封底混凝土浇筑顺序。封底混凝土浇筑分四个隔舱进行，分别对应区域1、区域2、区域3、区域4。按斜对称顺序进行，浇筑先后顺序为区域4、区域1、区域2、区域3。

区域4（区域1、区域2、区域3方法相同）隔舱共9根导管，两台泵车同时浇筑两根导管，分别从起点浇筑至终点。封底混凝土共3.5 m厚，分层分块进行，首层浇筑50 cm，首层封底混凝土浇筑完成后保持9根导管均埋入混凝土至少20 cm，首层封底完成后，按每层1 m进行分层封底施工。

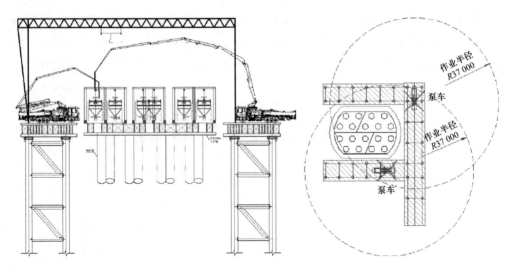

图 6-33　泵车站位图

向集料斗内放料前,在导管内放置圆柱式塑料(泡沫)隔水塞,用钢板塞堵住管口,并用龙门式起重机(或起重机)挂住钢板塞。首批封口混凝土浇筑完成后,导管埋深在 0.6~0.8 m。在一根导管封口完成后进行其相邻导管封口时,先测量待封导管底口处的混凝土顶标高,根据实测重新调整导管底口的高度。为保证封口混凝土的顺序进行,在每根导管封口完成后,控制同一导管两次灌入混凝土的间隔时间不大于 90 min。

封底混凝土浇筑顺序如图 6-34 和图 6-35 所示。

3)封底混凝土质量要求。

①混凝土强度不小于设计强度 C30;

②初始流动度不小于 600 mm,3 h 后,混凝土流动度不小于 500 mm;

③混凝土初凝时间大于 10 h 时(最大混凝土浇筑量按 1 200 m^3 考虑,混凝土浇筑能力按 120 m^3/h 计);

④混凝土 7 天强度达到设计强度的 90% 以上。

4)封底混凝土浇筑施工。在各项准备工作就绪,并进行试运转后才能灌注混凝土。混凝土的灌注应遵守以下原则:一次到位,由承台边到中,储料足够,保证埋深。

①测量封底混凝土施工前,在每个导管及两个导管混凝土作用半径交点处均布设一个测点,护筒周围布设三个测点。混凝土面高度监测采用测绳进行测量,每个监测点设专人测量监测并将数据反馈工程部进行统一分析调整。浇筑混凝土

时应做好测深、导管原始长度、测量基准点标高等记录；同时，每根导管封口结束后应及时测量其埋深与流动范围，做好记录，并以测点为控制点绘制混凝土深度断面图，以做施工控制图。

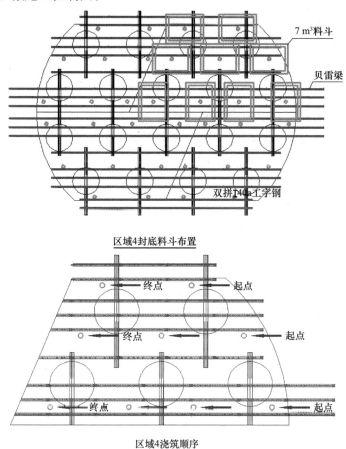

图 6-34　封底混凝土浇筑顺序图 1

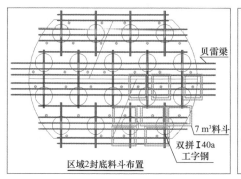 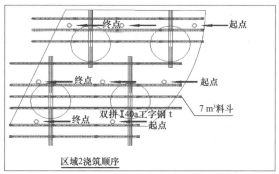

图 6-35　封底混凝土浇筑顺序图 2

②混凝土正常灌注。封底混凝土总厚度 3.5 m，为保证导管有一定埋深，一般不随便提升导管，即使需要提管，每次提升的高度都应要严格控制在 50 cm 之内。

浇筑过程中应注意控制每一浇筑点补料一次后的标高，以及周围 5 m 范围内的测点都要测一次，并记录灌注、测量时间。

③终浇。封底混凝土顶面标高为 134.6 m，根据现场测点的实测混凝土高程，确定该点是否终浇，终浇前上提导管适当减小埋深，尽量排空导管内混凝土，使其表面平整。混凝土浇筑临结束时，全面测出混凝土面标高，重点检测导管作用半径相交处、护筒周边、吊箱内侧周边转角等部位，根据结果对标高偏低的测点附近导管增加浇筑量，力求封底混凝土顶面平整，并保证封底厚度达到要求。当所有测点均符合要求后，终止混凝土浇筑，上拔导管，冲洗堆放。

6.4.6 监控内容

1. 理论计算

复核设计计算所确定的钢吊箱使用状态和抽水施工阶段。根据施工程序和设计提供的基本参数，通过施工和设计确定，使用 MIDAS 空间结构计算软件进行评审计算，并在每个施工阶段确定钢吊箱的变形和应力分布。

2. 围堰结构垂直度、平面位置控制

施工过程中，有必要通过各种步骤监测围堰结构平面坐标的变化，以便及时采取适当的调整措施，以确保围堰结构在汛期的安全。

3. 围堰结构变形控制

在施工的每个阶段，围堰都会在外部水压（包括水力，动力和波浪）的作用下发生一定的变形。变形和应力相互对应，在施工期间必须严密监视结构的变形。基于理论计算的临界应变的应变控制在结构安全的早期预警中起着重要作用。

在上述载荷下，铜坝的主要变形是在平面方向上的收缩变形，从而导致"收缩直径"现象和底部变形现象。根据测得的平面收缩值与理论计算的收缩值之间的比较，进行结构安全预警。

4. 围堰结构应力控制

围堰在每个施工阶段都要承受外部水压（包括水力、动力和波浪力），每个组件和面板都会根据荷载传递的主要、次要和顺序关系产生特定的应力。将计算得出的构件应力与理论应力进行比较，可以有效地在结构安全预警中发挥作用。

常用的振动线应变仪使用弦振动理论来收集应变数据。

弦振动频率公式为

$$f=\frac{n}{2L}\sqrt{\frac{T}{\rho}} \tag{6-3}$$

式中　n ——弦的自由振动频率的阶数，$n=1$，2，3……；

　　　T——弦的张力；

　　　ρ——弦单位长度的质量；

　　　L——有效弦长。

传感器制作假定：

(1)有效弦长 L 假定不发生变化；

(2)通过根据自由振动频率的顺序更改弦的材料，根据截面和约束来更改弦的自由振动频率的顺序，$n=1$。

控制部分采用焊接振动线型钢结构表面应变仪(安装在钢结构表面)和振动线混凝土应变仪(内置于压载混凝土中)进行应力与应变测试。所有应变仪均具有可靠的校准数据，并且每天 24 h 使用自动化的综合测试系统进行数据收集和数据分析。

6.5　施工控制计算分析

6.5.1　计算方法

根据施工和设计确定的施工程序以及设计提供的基本参数，对施工过程进行形式计算，以控制各个施工状态和最终状态下的结构堰壁变形及堰壁应力等数据。将得到的数据与设计计算结果进行详细的比较和分析，并检验其准确性，作为控制钢铜坝建设的理论依据。

6.5.2　施工阶段划分

施工阶段的划分显示了主墩的施工过程、施工图文件中的相关流程图以及相关的施工细节。施工阶段划分详见表 6-3。

表 6-3　施工阶段划分

编号	主要工作内容	主要测试内容
01	底节整体拼装	各传感器初始值
02	底节整体吊装	应力、变形
03	中间节吊装、对接	应力

续表

编号	主要工作内容	主要测试内容
04	顶节吊装、对接	应力
05	围堰下沉至设计标高	偏位、垂直度、应力
06	围堰内抽水过程	应力、变形、水位
07	承台浇筑	应力、变形
08	墩身施工、拆除第一道和第二道内支撑	应力、变形
09	安装第一道墩身临时支撑,拆除第三道内支撑	应力、变形
10	围堰偏位观测	水平偏位

6.5.3 围堰平面、垂直偏位测量

该测量是一般的结构测量,并且应根据相关测量标准进行。

6.5.4 钢吊箱围堰监控测点布置

1. 围堰平面位置、垂直偏位监测

围堰弧边与直角边 4 个点及各边中点分别布置 1 个测点,通过全站仪测出 8 个测点的位置变化情况,每次绘制出平面位置变化图及高程变化图,并及时提供给施工方。若出现较大变形,随时提出预警,并采取适当措施予以修正。

平面位置监测点布置如图 6-36 所示。

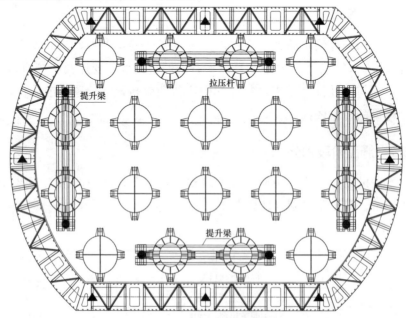

图 6-36 平面位置监测点布置图

2. 围堰结构变形测量

（1）围堰顶口缩径变形采用在钢护筒顶口焊接长臂，结合磁性表座、CCD精密数显千分表（即电子位移计）的方法进行4点测试。测点对称布置于围堰顶节（横桥向和纵桥向各两个）。

（2）由于围堰最大变形发生在围堰中间节，在未进行围堰堰内抽水施工时，尚无法采用常规的高精度全站仪测量或采用电子位移计进行测量。该围堰采用在控制截面径向和A、D标准弧段中点各布置1根焊接式弦式应变计，测试其径向应变，进而推算其相应的径向收缩量。

（3）围堰结构底板变形采用在围堰结构底板1和2板块，均匀对称设置两根焊接式弦式应变计测试其应变。

围堰结构分区示意如图6-37所示。

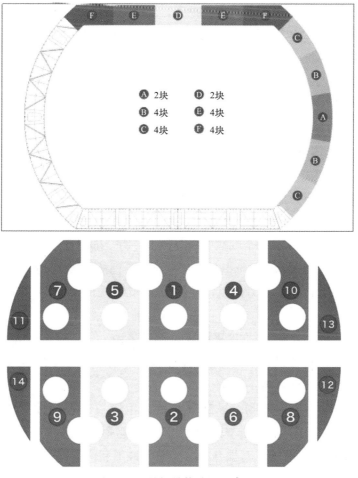

图6-37　围堰结构分区示意图

3. 围堰结构应力监测

(1)底板应力监测点布置。

1)底板龙骨应力测点布置。根据计算内容,进行了钢围堰底板大龙骨施工监控测点的布置,具体测点如图 6-38、图 6-39 所示。所选测点为下放吊杆所处位置,一个围堰的底板龙骨测点为 10 个。底板龙骨应力测点布置如图 6-40 所示。

2)底板面板应力测点布置。底板面板钢板厚 8 mm。根据计算内容,对面部受力最不利位置进行了应力监测,具体测点如图 6-41 所示。一个围堰底板面板全部测点为两个。

(2)围堰壁应力监测点布置。

1)壁板水平环板、箱形环板应力监测。水平环板钢板厚度为 14 mm,宽度为 300 mm。根据计算内容,对壁板水平环板受力最不利位置进行了应力监测,具体测点如图 6-42 所示,一个围堰水平环板应力全部测点为 12 个。

2)壁板水平斜撑应力监测。水平斜撑采用 ∟100×100×12 角钢。根据计算内容,对壁板水平环板受力最不利位置进行了应力监测,每个传感器安装于斜撑杆的中间,具体测点如图 6-43 所示,一个围堰水平斜撑应力全部测点为 3 个。

3)壁板竖肋应力监测。壁板竖肋采用 ∟75×75×8 角钢。根据计算内容,对壁板竖肋受力最不利位置进行了应力监测。每个传感器安装于角钢与壁板垂直的一角上,具体测点如图 6-44 所示,一个围堰壁板竖肋应力全部测点为 2 个。

4)壁板隔舱板应力监测。壁板隔舱板采用 16 mm 厚钢板。根据计算内容,对壁板隔舱板受力最不利位置进行了应力监测,每个传感器安装于隔舱板的中线处,具体测点如图 6-45 所示,一个围堰壁板隔舱板应力全部测点为 3 个。

5)围堰壁板应力监测。围堰壁板采用 8 mm 厚钢板。根据计算内容,对围堰壁板受力最不利位置进行了应力监测,具体测点如图 6-46 所示。一个围堰壁板应力全部测点为 6 个。

(3)内支撑应力监测。内支撑采用 $\phi 630$ mm×10 mm 钢管。根据计算内容,对内支撑受力最不利位置进行了应力监测,具体测点如图 6-47、图 6-48 所示。一个围堰内支撑应力全部测点为 4 个。

(4)提升分配梁应力监测。提升分配量采用钢板组合焊接而成,其尺寸为 HN700×300×13×24。根据计算内容的《新建铁路郑州至万州工程彭溪河多线特大桥钢吊箱围堰复核报告》,对提升分配梁受力最不利位置进行了应力监测,具体测点如图 6-49、图 6-50 所示。一根提升分配梁应力全部测点为 4 个。

第6章 三峡库区钢围堰技术

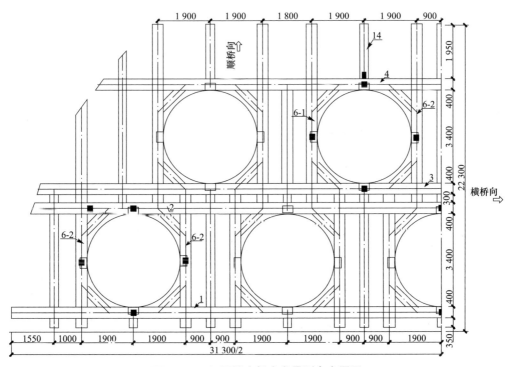

图 6-38 1/4 围堰底板大龙骨测点布置图

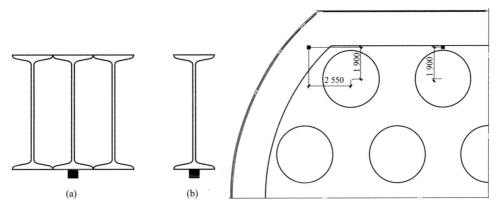

图 6-39 底板龙骨应力测点布置

(a) 大龙骨测点断面布置图；
(b) 小龙骨测点断面布置图

注：图中大龙骨编号与"彭溪河多线特大桥施工临时结构设计"图中龙骨编号一致，■代表测点

图 6-40 1/4 围堰底板面板测点布置图
（图中■代表测点）

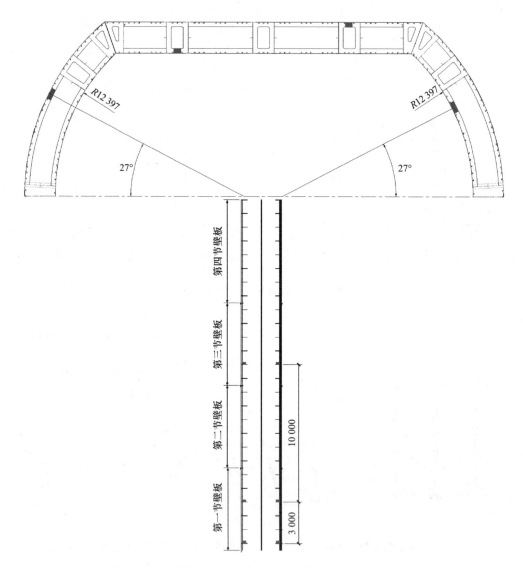

图 6-41 1/2 壁板水平环板应力测点布置图(图中■代表测点)

第 6 章 三峡库区钢围堰技术

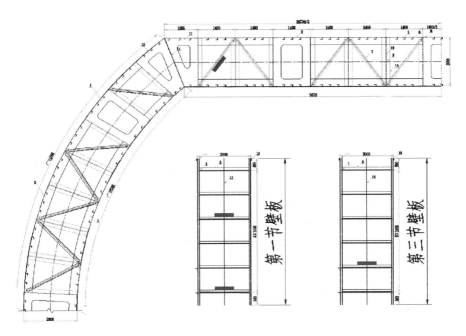

图 6-42　1/4 壁板水平斜撑应力测点布置图（图中■代表测点）

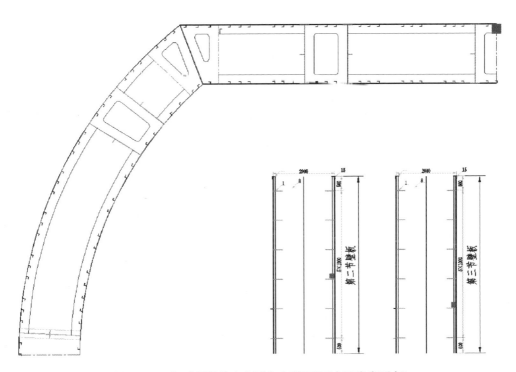

图 6-43　1/4 壁板竖肋应力测点布置图（图中■代表测点）

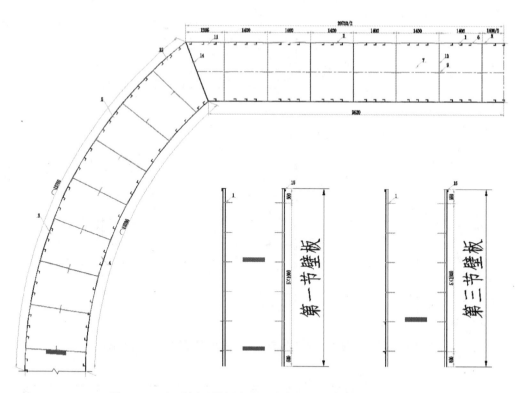

图 6-44 1/4 壁板隔舱板应力测点布置图(图中■代表测点)

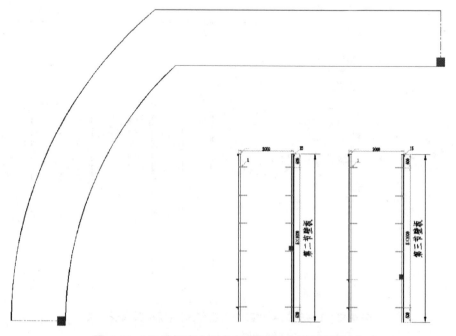

图 6-45 1/4 壁板应力测点布置图(图中■代表测点)

第 6 章　三峡库区钢围堰技术

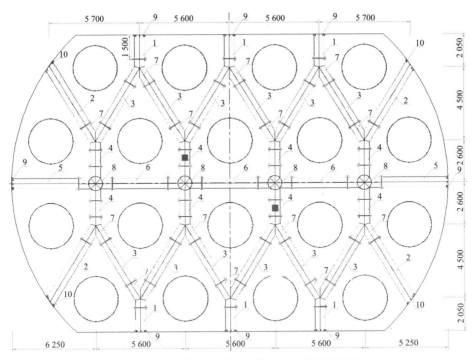

图 6-46　内支撑应力测点布置图(图中■代表测点)

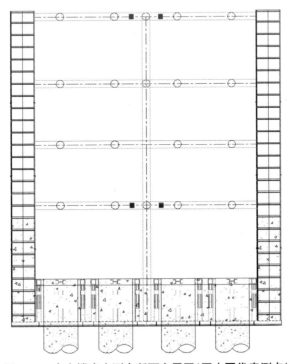

图 6-47　内支撑应力测点断面布置图(图中■代表测点)

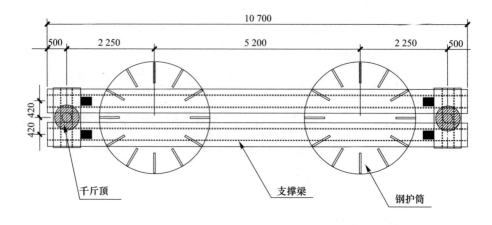

图 6-48 提升分配梁应力测点平面布置图(图中■代表测点)

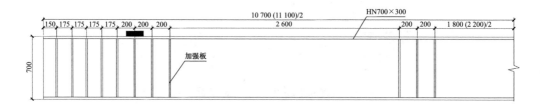

图 6-49 提升分配梁应力测点立面布置图(图中■代表测点)

6.6 监测实施

6.6.1 提升分配梁应力监测

提升系统中支撑梁采用双拼 HN700×300;吊挂梁采用钢板组焊的箱形梁及钢护筒结构采用 Midas Civil 建模计算。提升梁计算模型如图 6-50 所示。

支撑梁、吊挂梁最大组合应力为 108.2 MPa＜215 MPa,钢护筒最大组合应力为 186.4 MPa＜215 MPa,满足要求。钢吊箱自重为 1 709 t,封底混凝土重为 5 275.2 t,封底混凝土重量占比较大,拉杆受拉相对均匀。通过监控点的应力换算比较,支撑梁、吊挂梁的计算应力与监控应力数据基本一致。

不同工况下提升梁监测条形图如图 6-51 所示。

第 6 章 三峡库区钢围堰技术

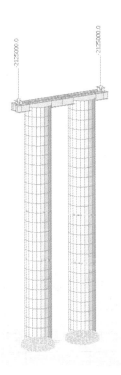

图 6-50 提升梁计算模型

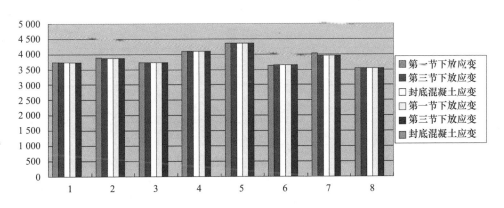

图 6-51 不同工况下提升梁监测条形图

图 6-51 彩图

6.6.2 不同水位条件下的钢围堰壁板监控

受三峡三期蓄水库区范围的影响,每年10月至次年2月三峡蓄水出现最高水位172~173.33 m,5月底出现最低水位143.33 m。在不同水位条件下,钢围堰壁板的监测数据如下:

静水压力荷载: $$p_2 = \rho h$$

式中 p_2——静水压力荷载(MPa),沿水深三角形布置;

ρ——水的密度,取 10 kN/m³;

h——水深(m)。

在不同水位条件下,对钢围堰壁板上的其中一点的监测数据见表6-4。根据监控点的数据进行相关的应力换算,得到结果可知,钢围堰壁板的最大应力值出现在水位为140 m时的内侧壁板上,其应力值能够满足设计要求。不同水位条件下钢围堰墙壁板的应力图如图6-52所示。

表6-4 不同水位下钢围堰壁板的监测数据

外水位	外侧壁板		内侧壁板	
	应变 μ_ε	温度/℃	应变 μ_ε	温度/℃
140			4 082.3	19.3
142			4 071.4	18.8
144			4 059.4	18.8
146			4 046.4	17.8
148	4 008.1	18.4	4 040.3	17.3
150	4 049.1	19.1	4 024.7	16.1
152	4 060.9	17.0		
154	4 019.7	16.1		
156	4 014.3	17.0		

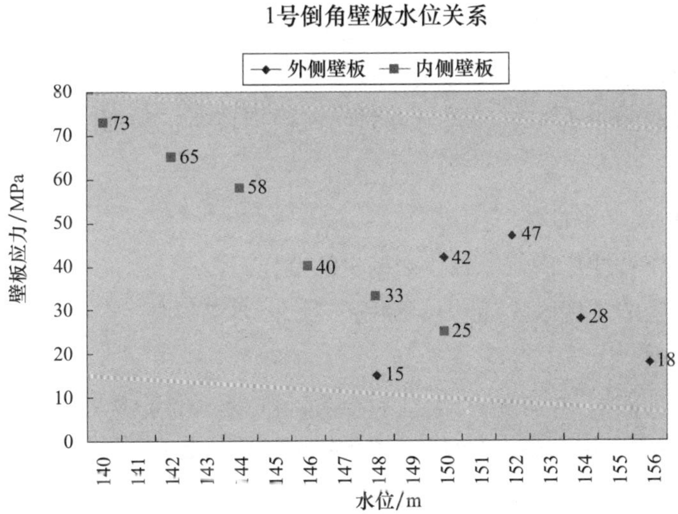

图 6-52 不同水位条件下钢围堰壁板的应力图

6.7 焊接检验

6.7.1 钢围堰焊缝超声波探伤

射线探伤和超声波探伤是对焊缝进行无损检测的主要方法。对于焊缝中的裂纹、未熔合等面状危害性缺陷，超声波比射线有更高的检出率。随着现代科技快速发展，技术进步，超声仪器数字化，探头品种类型增加，使得超声波检测工艺可以更加完善，检测技术更为成熟。但众所周知，超声波探伤中，人为因素对检测结果影响甚大，工艺性强。故此，对超声波检测人员的素质要求高。检测人员不仅要具备熟练的超声波探伤技术，还应了解有关的焊接基本知识，如焊接接头形式、坡口形式、焊接方法和可能产生的缺陷方向、性质等。针对不同的检测对象，制定相应的探伤工艺，选用合适的探伤方法，从而获得正确的检测结果。

(1) 射线检测局限性。

1) 辐射影响。在检测场地附近，防护不当会对人体造成伤害。

2) 受穿透力等局限影响。对厚截面及厚度变化大的被检物检测效果不好。

3) 面状缺陷受方向影响检出率低。

4) 不能提供缺陷的深度信息。

5)需接近被检物体的两面。

6)检测周期长,结果反馈慢。设备比超声检测设备笨重,成本高。

7)常规超声波检测不存在对人体的危害,它能提供缺陷的深度信息和检出射线照相容易疏漏的垂直于射线入射方向的面积型缺陷;能即时出结果;与射线检测互补。

(2)超声检测局限性。

1)由于操作者操作误差导致检测结果的差异。

2)对操作者的主观因素(能力、经验、状态)要求很高。

3)定性困难。

4)无直接见证记录(有些自动化扫查装置可作永久性记录)。

5)对小的(但有可能超标的缺陷)不连续性重复检测结果的可能性小。

6)对粗糙、形状不规则、小而薄及不均质的零件难以进行检查。

7)需使用耦合剂使波能量在换能器和被检工件之间有效传播。

(3)超声波的一般特性。超声波是机械波(光和 X 射线是电磁波)。超声波基本上具有与可闻声波相同的性质。它们能在固态、液态或气态的弹性介质中传播,但不能在真空中传播。在很多方面,一束超声波类似一束光。像光束一样,超声波可以从表面被反射;当其穿过两种声速不同物质的边界时可被折射(实施横波检测机理);在边缘处或在障碍物周围可被衍射(裂纹测高;端点衍射法机理)。

6.7.2　焊接加工及常见缺陷

(1)焊接加工。

1)焊接方法:有手工电弧焊、埋弧自动焊、气体保护焊、电渣焊和气焊(氧气+乙炔)。

焊接过程实际上是一个冶炼和铸造过程。利用电能或其他能量产生高温熔化金属,形成熔池,熔融金属在熔池中经冶金反应后冷却,将两母材牢固地结合在一起,形成焊接接头。焊接过程中,其焊弧温度高达 6 000 ℃,相当于太阳表面温度。熔池温度也在 1 200 ℃以上。

因局部高温带来以下问题:易氧化;产生夹渣;渗入气体(空气中氧、氮);产生应力。为防止有害气体渗入,手工电弧焊是利用外层药皮高温时分解产生的气体形成保护。埋弧焊和电渣焊是利用固体或液体焊剂作为保护层。气体保护焊是利用氩气或二氧化碳气体(惰性气体)作为保护层。

2)接头形式包括:对接接头、角接接头、T 形接头和搭接接头(搭接接头在锅炉压力容器中不允许采用),如图6-53所示。

3)坡口形式:包括I形、V形、U形、X形和K形。为保证两母材焊接时能完全熔合,焊前将母材加工成一定的坡口形状,使其有利于焊接实施。其形状和各部名称如图6-54所示。

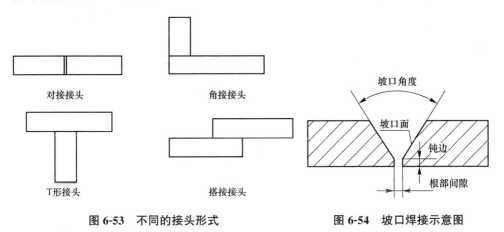

图6-53　不同的接头形式　　　　图6-54　坡口焊接示意图

坡口目的——保证全熔透,减少填充量。

钝边目的——保证全熔透,防止咬边。

间隙目的——保证全熔透,控制内凹、未焊透。

(2)焊缝中常见缺陷及产生原因。

1)焊缝常见缺陷:气孔、夹渣、夹钨、内凹、焊瘤、烧穿、未焊透、未熔合、裂纹等。

2)缺陷形成及产生原因。

①气孔——熔池冷却凝固之前来不及逸出残留气体(一氧化碳、氢气)而形成的空穴。由焊条焊剂烘干不够、坡口油污不干净、防风不利导致电弧偏吹、保护气体作用失效等原因所致。

②夹渣——残留在焊缝内的熔渣或非金属夹杂物(氮化物、硅酸盐)。由因坡口不干净、层间清渣不净、焊接电流过小、焊接速度过快和熔池冷却过快、熔渣及夹杂物来不及浮起等原因导致。

③未焊透——接头部分金属未完全熔透。由焊接电流小、焊速过快、坡口角度小、间隙小、坡口加工不规范、焊偏、钝边过大等原因所致。

④未熔合——填充金属与母材或填充金属之间未熔合在一起。由坡口不干净、电流小、运条速度快、焊条角度不当(焊偏)等原因所致。

⑤夹钨——钨熔点高,未熔化并凝固在焊缝中。

⑥内凹——表面填充不良。由焊条插入不到位所致。

⑦裂纹——焊接中或焊接后，在焊缝或母材的热影响区局部的缝隙破裂。

⑧热裂纹——焊缝金属从液态凝固到固体时产生的裂纹（晶间裂纹）；由接头中存在低熔点共晶体、偏析及焊接工艺不当所致。

⑨冷裂纹——焊接成形后，几小时甚至几天后产生（延迟裂纹）。产生原因：相变应力（碳钢冷却过快时，由马氏体向珠光体、铁素体过渡时产生）、结构应力（热胀冷缩的应力、约束力越高应力越大，这是低碳钢产生裂纹的主要原因。忌强力装配）和氢脆（氢气作用使材料变脆，壁厚较大时易出现）所致。

⑩再热裂纹——再次加热产生。

3）缺陷在设备服役中的危害：

①一般危害——气孔、夹渣、内凹（焊缝截面强度降低，腐蚀后造成穿孔、泄漏）。

②严重危害——裂纹、未熔合、未焊透。

③未熔合、面状缺陷，应力集中，易产生裂纹。

④未焊透、垂直于焊缝，根部未焊透易腐蚀；有发展裂纹趋势。

⑤裂纹、尖锐的面状缺陷，达临界深度即断裂失效。

6.7.3　平板对接焊缝超声波探伤

焊缝的超声波检测——可用直射声束法或斜射声束法（无须磨平余高）进行检测。实际探伤中，超声波在均匀物质中传播，遇缺陷存在时形成反射。此时，缺陷即可看作新的波源，它发出的波被探头接收，在荧光屏上被解读。《承压设备无损检测》（NB/T 47013）标准规定缺陷长度的测定是以缺陷波端点在某一灵敏度（定量线）下，移动探头，该波降至50%时为缺陷指示长度，以此作为判定依据。而此时正是探头中心对准缺陷边缘时的位置。缺陷越小，缺陷回波越不扰乱探头的声场；由扫查法（此时用移动探头测定缺陷长度）测定缺陷尺寸不正确（适用当量法）。此法测定的不是缺陷尺寸，而是声束宽度。惠更斯原理称：波动是振动状态的传播，如果介质是连续的（均匀介质可连续传递波动），那么介质中任何质点的振动都将引起邻近质点的振动，邻近质点的振动又会引起较远质点的振动。因此，波动中任何质点都可以看作是新的波源（当探测小于探头晶片尺寸的缺陷时，其指示长度与探头直径相近）。

6.7.4　探测及结果处理

测点选定在每节D、E、A、B的拼接焊缝位置，每节采用探伤仪抽检4条焊缝，共计 16 条。以顺桥向左侧的焊缝为第一个测点，从第一节依次顺时针编号。

围堰侧壁板的焊缝探伤采用斜探头，晶片尺寸 13 mil×13 mil，探头 K 值为 1.97，折射角为 63.10°，前沿 11.0 mm，频率 2.5 MHz，零点 6.39 μs，灵敏度为 (40.6＋0.0｜0.0)dB，声程范围 49.8(y)，声速 3 230 m/s。

测试完成界面如图 6-55 所示。

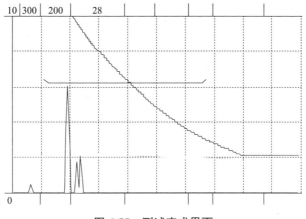

图 6-55　测试完成界面

由图 6-56 和图 6-57 可知，围堰壁板焊缝的超声波探伤结果均符合要求。后面进一步对焊缝涂刷煤油进行检查，围堰下放到位成功封底之后，显示围堰密封性较好。

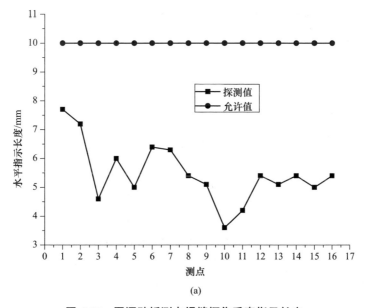

(a)

图 6-56　围堰壁板测点焊缝探伤垂直指示长度

(a)围堰内壁板测点焊缝探伤水平指示长度

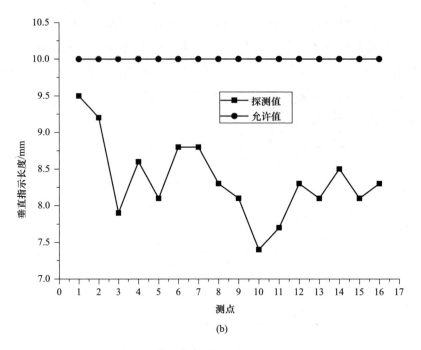

(b)

图 6-56 围堰壁板测点焊缝探伤垂直指示长度(续)

(b)围堰外壁板测点焊缝探伤垂直指示长度

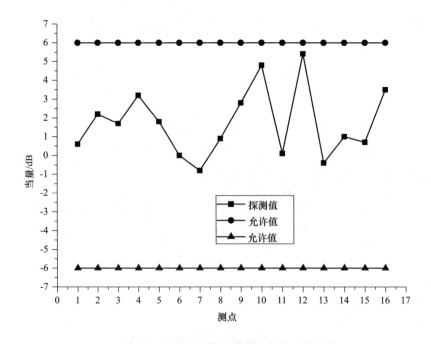

图 6-57 围堰壁板测点焊缝探伤当量

6.8 钢围堰 BIM 技术应用

6.8.1 施工仿真

彭溪河大桥工程工期紧,交叉施工优化难,临时结构布置难,钢围堰加工、拼装、下放施工难度较大,运用钢围堰 BIM 模型进行仿真施工,可以更迅速地了解施工工艺、控制要点及施工组织情况。现场管理人员可以合理、有序地安排施工进度,确保钢围堰拼接、下放高效、有序。

钢围堰与主体结构的总图如图 6-58 所示。

图 6-58 钢围堰与主体结构的总图

6.8.2 模型漫游

钢围堰结构在普通的平面图纸上无法直观地感受结构形式、连接节点等视点效果。通过模型漫游,拉压杆与围堰底部龙骨的连接方式、拉压杆与钢护筒的连接方式,围堰下放系统中各项工作方式、连接方式都是一目了然的。如图 6-59 所示的拉压杆与围堰底部龙骨的连接大样,此处为围堰结构受力的关键部位,此处的连接施工、体系转换关系着整个钢围堰施工的成败。特别是钢吊箱拉压杆上端与钢护筒须按设计要求进行焊接连接,封堵钢护筒四周洞口,施工封底混凝土,等封底混凝土达到设计强度,利用设备抽排钢围堰内部水,将钢吊箱拉压杆下端与钢护筒按照设计要求进行焊接连接，并将钢吊箱拉压杆上端与钢护筒焊接连接解除，完成体系转换。

通过模型漫游，及时对施工前、施工中的放样、连接等进行比对，对存在的问题能够一目了然，及时进行改正。

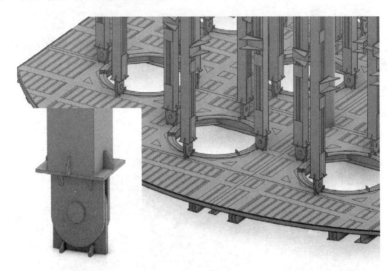

图 6-59　拉压杆连接大样图

6.8.3　碰撞检查

通过深化模型，检测出结构干涉，提出钢围堰结构设计时存在的系列问题，如钢围堰与栈桥距离较近；钢围堰标注尺寸错误导致水位变化与钢围堰高度不符合实际情况；拉压杆体系与护筒结构空间位置冲突等。

钢围堰内支撑结构体系复杂，根据设计图纸，每层内支撑竖向在中间节点处设置四根钢管，安装内支撑前先安装竖向钢管，采用铅垂线与全站仪测量方式对其垂直度进行测量并矫正。

分层安装，分不同层次进行内支撑安装，安装完成后将钢吊箱围堰下放。内支撑在场内提前根据设计图纸下好料，现场拼装固定。实际操作，应考虑到封底混凝土用的隔舱板、底部环形钢板等需穿过内支撑狭小的空间进行下放，而且内支撑安装时相互干扰极大。所以，应以碰撞检查的方式，在施工前对钢围堰内支撑安装、封底混凝土施工时的各项设备下放等进行检查，有效避免上述问题的发生。

空间测量定位的三维模型如图 6-60 所示。

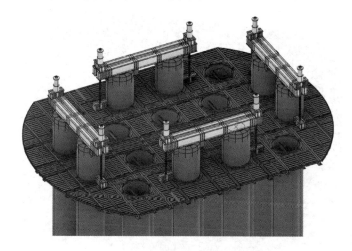

图 6-60 空间测量定位的三维模型

6.8.4 构件信息查询

彭溪河大桥钢围堰体积庞大、结构复杂、构件数量多，为了在极短的时间内组织好施工，需要对各部位构件进行编码。运用 BIM 将钢围堰相关信息与模型进行关联，通过手机移动端、云平台等方式进行信息调用与查看。以最快的方式进行信息模型检索，通过对构件重量、部位、尺寸、连接方式、连接要求等信息的实时查看，为项目快速、高效、准确施工打下了坚实的基础。

6.8.5 复杂节点优化

彭溪河多线大桥 10 号、11 号钢围堰设四道水平支撑，内支撑采用 $\phi 820$ mm× 10 mm 的钢管，从下部以此向上共计 4 层。内支撑设置有竖向支撑钢管，其安装分层进行；底部竖撑支撑在围堰底板大龙骨上，采用焊接连接，为防止出现渗水，钢管采用钢板封底。内支撑的平面设计为"Y"形，此形状在封底及承台施工时，存在材料、设备下放空间小，施工效率低等难点。通过对内支撑部位建立虚拟施工＋模型建立的方式，提出三种处理方法：一是根据内支撑的空间对钢筋专门下料；二是通过结构计算对钢筋布置方式进行优化；三是将平面为"Y"形的内支撑结构形式更改为井字架结构形式。根据三种解决方案的模型演示、仿真，经现场施工人员的讨论分析，结合方案一的可行性对方案三进行了设计优化，使得实际施工中有效避免了空间狭小、施工组织困难等难题。

钢围堰内支撑位置关系如图 6-61 所示。

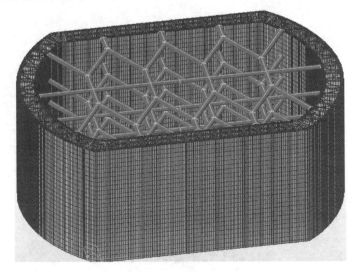

图 6-61　钢围堰内支撑位置关系

6.8.6　工程量统计

建立了彭溪河钢围堰单位工程全专业主体工程量，并实时落地了全专业各种钢构件等的数量统计，用精准的尺寸与图纸进行复核对比，最后将尺寸数据以 Excel 表格形式存储；通过布尔运算解决了硬件卡顿及显卡配合问题；保证了项目所需的全部工程量的复核对比，为项目减少了复核工作量。

6.8.7　钢构件的制作

彭溪河钢吊箱围堰主要由内壁板、外壁板、支撑角钢、隔舱板、箱形板单元件等组成，部件之间均为焊接连接。水平环板、箱形板需紧贴内外侧板施焊，一定程度上可以控制内、外单元件断面尺寸，防止单元件扭曲变形，承担侧板单元件中内胎的作用，加工精度要求极高，下料时必须控制严格。下料切割完成后，严格检查加劲板长宽及矢高尺寸。壁板等构件的加工精度影响着钢围堰整体拼装质量，利用 Tekla Structures 软件进行三维建模。在壁板建模过程中，对隔仓板、箱形板等构件的尺寸、弯曲弧度等利用软件功能进行验证。支撑角钢的安装精度影响到钢吊箱围堰的结构安全，通过 Tekla Structures 软件对构件进行建模，利用建模构件形成的空间位置关系以及构件数据进行安装大样图的生成。

壁板细部结构图如图6-62所示。

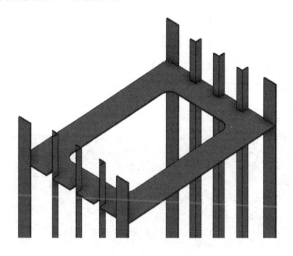

图6-62 壁板细部结构图

6.8.8 空间测量定位

主墩钢吊箱设计分为四层：底3节各7.5 m，顶节8.4 m。首次组拼下放底节围堰，高度7.5 m。根据水位情况及时拼接在底板上。钢吊箱底板及侧板、整体下放内支撑的施工方案：①根据拼装后的底板，在底板上放出内外侧板的线，做好相关标记；②在起吊侧板时，根据设置底板上的定位块进行侧板的安装，同时详细检查安装后的位置。

底板及侧板安装精度要求较高，利用Tekla Structures建立的模型的空间位置进行构件测量坐标的放样，对构件的测量控制线及中心线的坐标定位后，运用全站仪和相关测量仪器进行测量放线及调整。

6.8.9 施工管理应用内容

(1)项目管控。利用BIM模型进行相关数据整合并进行二次开发，生成项目施工生产过程的控制管理平台，此平台的突出特点是，适应每一个项目。由于初始定位在项目级别，所以，其能完美地针对各个项目的特点按需提供相应的管理模块，真正地将本项目的重点、难点进行统一的管理。并且，全三维的浏览模式也能更加清晰地反映问题，实现使用者对项目的三维全局掌控。

(2)施工进度管理。包含了时间、人力、材料、机械等各种资源，并对这些资源进行合理分配的管理，其最终目标是在合同约定的时间内完成工程项目建设内容。在钢吊箱围堰施工中，以广联达 BIM5d 为平台，关联构件清单、物资信息、单价清单，并安排专人对每天的施工进度进行录入更新。项目全员可通过手机端等方式进行相关专业的查看，及时了解现场施工信息。

图 6-63 为彭溪河多线特大桥钢围堰工程利用 BIM 模型进行的施工关联相关数据。

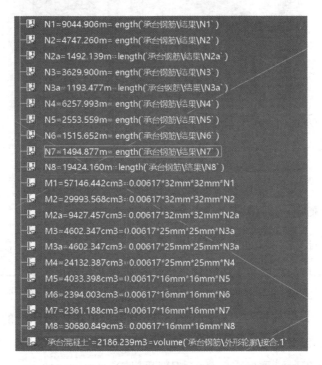

图 6-63　施工关联

（3）安全管理。钢吊箱围堰施工时运用采集高清视频图像，随时查看不同工序、时间范围内的施工情况。将该图片、视频资料与 BIM 模型进行关联，实现模型与现场施工的有效集合，并及时对采集到的施工过程进行识别，判别安全等级，确保施工安全。

6.8.10　3D 打印应用

彭溪河钢围堰结构复杂，前期需要方案论证，施工中需要对作业人员进行详细的技术交底，利用 3D 打印出来的、等比例的钢围堰直观地进行实体复制。

利用 BIM 技术对钢围堰进行参数化建模后,对建成的三维模型进行"分割",逐层截面,用于指导打印机进行打印。打印机通过读取文件中的横截面信息,用片状的材料将截面逐层地打印出来,再将各层截面以各种方式黏合起来,从而制造出一个实体。钢围堰 3D 打印模型如图 6-64 所示。

图 6-64　钢围堰 3D 打印模型

第 7 章　三峡库区桩基技术

针对大跨度、大直径深水钻孔桩基础的施工,合理的施工方案是施工顺利进行的保障。在深水基础大直径钻孔桩的施工中,针对多样化的地层、水深 3 m 以上、自然条件较差的深水基础施工,首先因地制宜选择最佳钻孔平台方案,然后选择多种地层兼顾的钻机并根据不同的地层选用相对合理的钻头,最后是设置护筒的深度及配置泥浆的性能指标。按前述的钻孔桩施工的方法,制定经济、合理的深水钻孔桩基础施工方案以及严密的组织管理体系。

7.1　钻孔桩施工

随着深水基础大直径钻孔桩越来越多地被采用,由于大直径钻孔桩断桩后补桩相当困难,使得深水钻孔桩施工的难度越来越大。施工中的难点就是钻机的选型和钻孔桩施工中的关键技术控制。其中,施工关键技术包括钻机的选型、护筒的埋置深度、泥浆配制、成孔工艺、成桩工艺和质量监控技术等。

7.1.1　钻机选型

根据不同的河床地质情况、钻孔直径及深度选择合适的钻机形式是钻孔桩施工成功的关键。深水基础钻孔桩施工通常所选用的钻机形式有:正循环钻机、反循环钻机、潜水钻机和冲击钻机。不同形式的钻机有其不同的特点和适用范围。

(1)正循环钻机:钻进和排渣同时连续进行,成孔速度较快,最大钻孔深度为 100 m;但需设置泥浆槽、沉淀池、储浆池等,施工场地占地面积较大,需要大量的水和泥浆原料;所需泥浆较稠,孔壁泥浆护壁层厚度常达 5~7 cm,桩周摩擦力较低。

(2)反循环钻机:排碴连续性好,速度较正循环钻机快,功效较高;钻进岩层的岩石强度可达 180 MPa,排渣不需泥浆,在孔壁十分稳定的地层中甚至可用清水;在孔壁不稳定的地层中,必须调制相对密度小于 1.10 的优质泥浆,泥浆用料远远小于正循环钻机；最大特点是孔壁保护膜较薄，不减弱桩的摩擦力；所以，反循环钻机被广泛应用。但其也具有些缺点，例如，扩孔率大于正循环、钻机结构复杂、造价偏高。

(3)潜水钻机：分正反循环钻机两种，其钻孔效率较一般正反循环回转钻机高；钻具简单、轻便、易于搬运、噪声小；成孔垂直度好于其他类型的钻机。铁道建筑研究设计院已成功研制生产了QZ-1500型工程潜水钻机，QZ-2500型多钻头钻机也早已设计完成。

(4)冲击钻机：分为实心锥和空心锥(管锥)两种。

1)实心锥冲击钻机：适用的地层和土质广泛，特别是在坚硬的大的卵石、漂石及岩石地层，该钻机更能发挥出其冲击特点。但钻普通土时，进度比其他方法都慢；不能钻斜孔。

2)空心锥冲击钻机：较实心锥冲击钻机钻孔速度快，但因锤重较轻，故不能用于漂石和岩层；钻大直径的孔时，需采用先钻小孔再逐步扩孔的方法。

施工中，应根据桩径的大小、地质的不同等特点选择合适的钻机。深水基础钻孔桩施工常用的钻机详见表7-1，国产正、反循环回转钻机见表7-2和表7-3。

表7-1 深水基础钻孔桩施工常用的钻机形式

钻机形式	适用范围			泥浆作用
	土层	孔径/cm	孔深/m	
正循环钻机	黏性土、粉砂、细中粗砂含少量砾石、卵石(含量少于20%)的土、软岩	80～300	30～100	浮悬钻渣并护壁
反循环钻机	黏性土、砂类土、细中粗砂含少量砾石、卵石(含量少于20%，粒径小于钻杆内径的2/3)的土	80～350	用真空泵<35，用空气吸泥机可达65，用气举式可达120	护壁
潜水钻机	淤泥、腐殖土、黏性土、单轴抗压强度小于20 MPa的软岩	非扩孔型：80～300；扩孔型：80～655	标准型：50～80；超深型：50～150	正循环浮悬钻渣；反循环护壁
冲击钻机	实心锥：黏性土、砂类土、砾石、卵石、漂石、较软岩石；空心锥：黏性土、砂类土、砾石、松散卵石	实心锥：80～200；空心锥(管锥)：60～150	50	浮悬钻渣并护壁

表 7-2 国产正循环回转钻机

钻机型号	钻孔直径/cm	钻孔深度/m	转盘扭矩/(kN·m)	提升能力/kN		驱动动力功率/kW	钻机质量/kg	生产厂家
				主卷扬机	副卷扬机			
GPS-10	40~120	50	8.0	29.4	19.6	37	8 400	上海探机厂
GJC-40H	50~150	40	13.9	30	20	35	15 000	天津探机厂
XY-5 G	8~120	40	25	40		45	8 000	张家口勘机厂
ZJ-150	150~200	40	20			55		郑州勘机厂
BRM-08	60~120	40~60	7.8	30		22	13 600	铁道部大桥局桥梁机械制造厂
BRM-1	80~150	40~60	12	30		22	9 200	
BRM-2	80~150	40~60	28	30		28	13 000	

表 7-3 国产反循环回转钻机

钻机型号	钻孔方式	钻孔直径/cm	钻孔深度/m	转盘扭矩/(kN·m)	转盘转速/(r·min^{-1})	加压给进方式	驱动动力功率/kW	钻机质量/kg	生产厂家
KP3500	气举或泵吸反循环	350~800	80~120	210	0~24	自重或加压	4×30	46 706	郑州勘机厂
KP2000	正反循环	200~300	100	7.0~43.8	10~63	自重	45	12 000	郑州勘机厂
KP1500	正反循环	150~200	100	4.5~23.5	15~78	自重	37	11 000	石家庄煤机厂
QJ250-1	气举或泵吸正循环	300~600	100	117.6	7.8~26	自重	95	17 000	石家庄煤机厂
ZJ150-1	正反循环	150	70~100	3.5~19.6	22~120	自重	55	10 000	张家口勘机厂
XF-3	正反循环	150	50	40	12	自重	40	7 000	郑州勘机厂
GPS-25	泵吸反循环	250	80	30	6.11~20		37	28 800	上海探机厂
GPS-20	泵吸反循环	200	200	30	8.14~56		37	10 000	上海探机厂
HTL-300	气举反循环	120~300	40~120	5~54	5.9~44			75 000	湖南路桥公司河南耐磨材料公司
KPY-400	气举反循环	400	120	220	3,9		375	42 500	湖南路桥公司武汉内河港机厂
QZY-300	气举反循环	150~300	100	100	8,16		210	140 000	洛阳矿机厂
BRM-4	正反循环	300	40~100	15~80	6~35	配重	75	32 000	武汉桥机厂

续表

钻机型号	钻孔方式	钻孔直径/cm	钻孔深度/m	转盘扭矩/(kN·m)	转盘转速/(r·min⁻¹)	加压给进方式	驱动动力功率/kW	钻机质量/kg	生产厂家
BRM-4 A	正反循环	150~300	40~80	15~80	6~35	配重	75	61 877	武汉桥机厂
GJD1 500	正反循环冲击钻机	150~200	50	39.2	6.3~30		63	20 500	张家口勘机厂
KPG300	气举反循环	150~300	130	80 100	3~14		10	166 000	武汉桥机厂

7.2 护筒

钻孔桩施工采用护筒起到固定桩位，引导钻头方向，隔离水源免其流入井孔，保持孔口不坍塌，并保证孔内水位(泥浆)高出地下水水位或施工水位一定高度，形成静水压力(水头)，以保护孔壁免于坍塌等作用。

7.2.1 护筒的制作要求

(1)用钢板或钢筋混凝土制成的埋设护筒，应坚实、不漏水；护筒入土较深时，宜以压重、振动、锤击或辅以筒内除土等方法沉入。

(2)护筒的内径应比桩径稍大：当护筒长度在2~6 m范围内时，有钻杆导向的正、反循环回转钻护筒内径比桩径宜大20~30 cm；无钻杆导向的正反潜水电钻和冲抓、冲击锥护筒内径比桩径宜大30~40 cm；深水处的护筒内径至少应比桩径大40 cm。

(3)护筒的制作：卷制护筒钢板厚度应按实际受力情况和振动锤作业需求确定，一般用6~14 mm的钢板卷制而成，每节长度为2.5~3.5 m，底节长度一般为4~6 m，护筒节段顶、底端内侧各焊一道水平加劲肋，肋板厚大于20 mm，以保证护筒圆度。上部肋板与顶面齐平，下端肋高于筒底30 cm。当护筒直径大于4 m，长度大于24~30 m时，在上、下水平肋之间需另加4~8条竖肋于护筒内侧。

7.2.2 护筒的埋设和沉入

(1)护筒顶端高度：护筒顶端应高于最高水位1.5~2.0 m，并须采用稳定护筒内水头的措施。

(2)护筒的埋置深度：深水及河床软土、淤泥层较厚处，应尽可能深入到不透水层黏质土内 1~1.5 m；

河床下无黏质土层时，应沉入大砾石、卵石层内 0.5~1.0 m；

河床为软土、淤泥、砂类土时，护筒底埋置深度要能防止护筒内水头降低（如桥位处于潮水区或河流水位上涨时）产生的涌砂（即流砂）现象，从而使护筒倾陷。具体埋置深度按式(7-1)计算：

$$L=\frac{(h+H)\times\gamma_w-H\times\gamma_0}{\gamma_d-\gamma_w} \qquad (7\text{-}1)$$

式中 L——护筒埋置深度(m)；

H——施工水位至河床表面深度(m)；

h——护筒内水头，即护筒内水位与施工水位之差(m)；

γ_w——护筒内泥浆重度(kN/m³)；

γ_0——水的重度(kN/m³)；

γ_d——护筒外河床土的饱和重度(多层土的平均饱和重度)(kN/m³)。

按公式计算后的结果小于 3 m 时，采用 3 m。处于潮汐影响和水流冲刷影响处，护筒埋置深度应考虑其影响。

由于河床上不均匀质而引起局部渗透，为防止护筒底端向外发生流动、管涌，而使护筒倾斜、沉陷，按公式计算的 L 应乘以安全系数 1.5~2 后作为埋置深度，即护筒的实际埋置深度为

$$L_s=(1.5\sim2)L \qquad (7\text{-}2)$$

式中 L_s——护筒的实际埋置深度(m)；

L——按公式计算护筒的埋置深度(m)。

从式(7-2)中可以看出，护筒内水头越高，河床中水越深，泥浆重度越大，则护筒的埋置深度就越大。

(3)护筒埋设工作要求护筒平面位置与竖直度准确，护筒周围和护筒底脚紧密、不透水。埋设护筒时，护筒中心轴线应对正测量标定的桩位中心，其偏差不得大于 5 cm，并应严格保持护筒的竖直位置。

(4)在深水(3 m 以上)处，由于钻孔桩的直径大，泥浆护壁更加困难，对桩的质量要求更高，因此，一般将钢护筒下沉基岩。应在工厂分节加工护筒，经试连接检验合格后运送至钻孔平台上，安装护筒导向架。吊装第一节护筒至导向架内后，按起重能力吊装已连接好的护筒，确保护筒连接处不漏水。循环此操作吊装护筒，直至河床表面。采用高压射水、空气吸泥机吸泥、抓泥、加压、反拉、锤击、振动等方法，使护筒沉入河床所要求的深度。

7.2.3 泥浆的配制

泥浆起到在钻孔中保护孔壁免于坍塌，浮悬钻渣的作用。在冲击和正循环回转钻进中，悬浮钻渣的作用更为重要；在反循环回转、冲抓钻进中，泥浆主要起护壁作用。

泥浆由水、黏土（或膨润土）和添加剂组成。

泥浆应根据不同地质和钻孔方法的需要配制，确保泥浆护壁在钻孔过程中不塌孔。泥浆配制应满足以下主要性能指标，即相对密度、黏度、静切力、含砂率、胶体率、失水率、酸碱度等的要求，详见表 7-4。

表 7-4 泥浆性能指标

钻孔方法	地层情况	泥浆性能指标							
		相对密度	黏度/s	含砂率/%	胶体率/%	失水率/(mL·30 min^{-1})	泥皮厚/(mm·30 min^{-1})	静切力/Pa	酸碱度/pH
正循环	一般地层	1.05~1.2	16~22	≤4	≥96	≤25	≤2	1.0~2.5	8~10
	易坍地层	1.2~1.45	19~28	≤4	≥96	≤15	≤2	3~5	8~10
反循环	一般地层	1.02~1.06	16~20	≤4	≥95	≤20	≤3	1.0~2.5	8~10
	易坍地层	1.06~1.10	18~28	≤4	≥95	≤20	≤3	1.0~2.5	8~10
	卵石土	1.10~1.15	20~35	≤4	≥95	≤20	≤3	1.0~2.5	8~10
推钻冲抓冲击	一般地层	1.10~1.20	18~24		≥95	≤20	≤3	1.0~2.5	8~10
	易坍地层	1.20~1.40	22~30		≥95	≤20	≤3	3~5	8~10

注：1. 地下水水位高或流速大，指标取高限，反之取低限；
  2. 地质较好、孔径或孔深较小，指标取低限，反之取高限；
  3. 采用推钻、冲抓和冲击方法钻进时，可用黏土碎块投入孔内，由推钻自行造浆固壁；
  4. 当地缺乏优质黏土、不能调制合格泥浆时，可掺用添加剂以改善泥浆性能，最好经试验决定；
  5. 在不易坍塌的黏土层中，采用推钻、冲抓和反循环回转方法钻进时，可用清水提高水头（≥2 m）维护孔壁；
  6. 对遇水膨胀或易坍塌的地层如泥页岩等，其失水率＜(3~5 mL)/30 min；
  7. 泥浆性能各种指标测定须按试验要求进行。

7.2.4 成孔工艺

(1)成孔工艺流程：测量孔位→下沉(埋设)护筒→复测孔位→安装钻机调平钻机、底座并对正桩位→钻进→到位后清孔→测量孔深并检查成孔质量→提钻、钻机移位。

(2)减压钻进：为保证钻孔的垂直度、减小扩孔率，须采用重锤导向减压钻进。钻头、配重、钻杆总重的一半左右作为钻压，其余由钻架承担，使钻杆始终处于受拉状态，应根据不同的地质恰当地选取配重。

(3)钻机钻速：钻机一般配有多种档次的转速。一般在黏性土中采用高转速以防糊钻，砂层中采用低转速以防塌孔。

(4)泥浆循环量：应尽量采用大排量的泥浆循环，增大孔内泥浆流速，以便有效排除钻渣。

(5)埋设或下沉护筒：应控制护筒的位置和倾斜，并要求与原状稳定土层牢固接合，保证钻护筒底土壤不坍塌。护筒内的浆面应高出地下水水位或施工水位 1.5～2.0 m，使孔壁保持一定的侧压，以达到护壁的目的。护筒为多节时，连接处应电焊密实、严防漏浆。

(6)钻探测量：钻进过程中每进尺 5～8 m，应检查钻孔直径、垂直度及孔深，并对照地质柱状图随时调整钻进技术参数。达到设计孔深后，及时清孔提钻，清孔时以所换新鲜泥浆达到孔内泥浆含砂量逐渐减少至稳定不沉淀为度。

(7)钻孔深度与气室：当采用反循环时需配空压机和气室，一个气室的最大吸程为 55 m。当吸程小于 50 m 时，仅在钻杆底部设置气室；超过 50 m 时，需在钻杆中部加设气室。

(8)成孔质量检查：成孔后，应对孔径、钻深、孔深、孔底沉渣厚度、倾斜率等逐项检查，并记入钻孔记录和检查证中。

7.2.5 灌注工艺

(1)水下混凝土灌注工艺流程：复测孔深→放置钢筋笼→搭设水下混凝土封孔平台→放置水封导管→砍球、灌注水封混凝土→边灌注水封混凝土边拆除导管至灌注完毕→凿除桩头浮浆、保持混凝土至设计标高。

(2)安置钢筋笼：两节钢筋笼间应顺直连接，不得有突弯。

(3)依据孔深放置水封导管，水封前应复测孔深。当沉淀厚度超过规定时，应再次清孔。达标后，经质检人员签发检查证，方可灌注水封混凝土。

(4)水封混凝土：水封前，将隔水球放置在导管上，首批混凝土将导管内水排出实现水封。首批混凝土量应使导管埋入混凝土的深度不少于 0.8 m。水封全过程中拆除导管时，应保证导管埋入混凝土的深度保持在 0.8～3 m，严禁中途将导管提出混凝土面。

(5) 水封混凝土应连续灌注，中途不得停顿，每小时灌高应大于 8 m。混凝土的坍落度采用 18～22 cm，初凝时间不小于 16 h。

(6) 水封前应对混凝土工厂、运输机具和导管进行检查、维修、保养及试压，确保能够正常运转。

(7) 水封时应根据清孔情况适当多灌注一些混凝土，使其高于设计桩顶 0.5～1.0 m，使凿除桩顶浮渣、浮浆和松弱层后，设计桩顶以下全部混凝土的质量能够得到保证。

(8) 水封过程中，由专人将水封混凝土的数量、每次灌注的时间、拆除导管的长度、导管埋入混凝土的长度等情况，列入水封记录。

(9) 成桩后须对桩进行无破损检测，并记入质检记录。

7.2.6 钻孔灌注桩施工工艺流程

钻孔灌注桩施工工艺流程如图 7-1 所示。

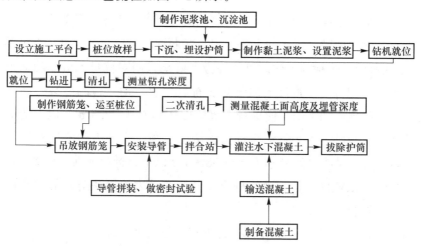

图 7-1 钻孔灌注桩施工工艺流程

7.2.7 深水钻孔桩施工控制措施

(1) 钻孔桩基础应根据图纸标明的桩径及地质资料选择钻机类型。

(2) 钻孔时为防止孔壁坍塌，应根据不同地质及桩长采取相应措施：

1) 根据不同的地质配制恰当的护壁泥浆；

2) 采用护筒跟进措施，边钻进边跟进下沉护筒；

3) 护筒埋置不易塌孔的岩层或全护筒。

(3) 钻进过程中要经常检查钻机的水平度、垂直度，当检查发现有钻孔不直、偏斜、孔径减小、井壁有探头石等现象时，应立刻向监理工程师报告，同时提出补救措施，并经监理工程师同意后实施。

(4) 钻孔到设计深度时，应根据钻进记录情况提取钻渣，自检合格后报监理工程师检查，合格后方可进行下道工序。

(5) 钢筋笼入孔后应牢固定位，以防发生浮笼事故。

(6) 灌注桩身混凝土，要备好发电机和备用拌合机，以防灌注中因停电或拌合机损坏而导致间隔时间过长，发生断桩事故。

7.2.8 钻孔桩的质量检验

(1) 钻孔桩水下混凝土的质量要求：

1) 强度须符合要求；

2) 无夹层断桩；

3) 桩身无混凝土离析层；

4) 钻孔桩桩底不高于设计标高，桩底沉淀层厚度不大于设计规定；

5) 桩头凿除预留部分后无残余松散层、薄弱混凝土层，无空洞、缩径等缺陷。

(2) 钻孔桩的质量检验方法。桩的检验主要是采用对桩身无破损的动力检测法检验桩的承载力和桩本身混凝土质量是否符合要求。动力检测法又有高应变与低应变之分。对桩顶施加锤击，使桩身下沉应变达到 0.5～2.5 mm 以上的称为高应变动力检测法；否则，称为低应变动力检测法。高应变动力检测法对检测桩的承载力效果较好，其冲击系数要求大于 0.08～0.2 以上；低应变动力检测法对桩身混凝土的匀质性效果较好。钻孔灌注桩应以低应变动力检测法对桩的匀质性进行检测，检测时应符合下列要求：

1) 对各墩台有代表性的桩用低应变动力检测法进行检测。重要工程或重要部位的桩应逐根进行检测。无条件用低应变动力检测法检测钻孔桩的柱桩时，应采用钻芯取样法，对总根数的至少 3%～5%（同时不少于两根）桩进行检测；并应钻至桩底 0.5 m 以下。

2) 对质量有怀疑的桩及因灌注故障处理过的桩，均应采用低应变动力检测法检测桩的质量。

10 号、11 号主墩基础设计桩径 $\phi2.5$ m 桩基各 18 根，设计桩长 39.5～55 m，采用冲击钻方式成孔。

7.3 基本概况

7.3.1 工程地质

根据设计图纸、水下摄影及钻探揭示,栈桥及钻孔工作平台范围覆盖层为第四系全新统人工堆积层(Q4ml+el)碎石土、下沙溪庙组(J2xs)强风化砂岩、下沙溪庙组(J2xs)弱风化砂岩(图7-2)。

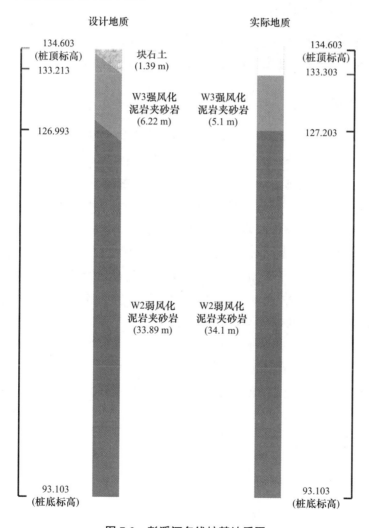

图7-2 彭溪河多线桩基地质图

<4-7>块石土(Q4 dl+pl):黄褐色、灰黄色,松散—稍密,稍湿—潮湿,主要为砂岩质块石,碎石含量约占20%,粒径为2~10 cm,块石含量约占70%,粒径为20~50 cm,最大块径达1 m以上,余为碎石角砾、粉质黏土充填。主要分布于彭溪河两岸库区水位涨落区,厚2~8 m。属Ⅳ级软石,C组填料。

<14-8>泥岩夹砂岩(J2xs):褐色、红褐色,泥质结构,薄—中厚层状,质软。所夹砂岩呈灰黄色,中—细粒结构,泥质胶结为主。岩层强风化带(W3)厚1~6 m,属Ⅳ级软石,D组填料。

<14-8>泥岩夹砂岩(J2xs):弱风化带岩层(W2)完整,属Ⅳ级软石,C组填料。

7.3.2 主要设备参数

JK-12,设备自重18 t,锤头10 t,最大钻孔直径为2.8 m。
HS-50 AZ,泥浆处理量为40 m^3/h,功率为37 kW。

7.3.3 钢筋笼加工

根据总体施工部署,桩基钢筋采用钢筋厂集中加工制作,本次10-4号桩基钢筋笼由2号钢筋加工厂统一加工(设置在3号拌合站旁),运距约15 km,施工现场设3号钢结构临时存放场地,布设在DK783+500右侧80 m附近。桩基钢筋笼采用9 m长钢筋原材加工,10-4号桩基长度41.5 m,承台锚固段钢筋长度2.28 m,合计长度为43.78 m,考虑运输安全加工分节方式为:9×4+7.78=43.78(m),共需要加工5节组织运输至现场安装拼接。顶部固定声测管定位笼长度需要30.8 m,按照9+9+12.8(m)形式加工运输至现场起吊对接安装下放。设计净保护层厚度为8 cm,加强钢筋由φ20钢筋调整为φ25钢筋每2 m一道。主筋为52根通长布置,箍筋桩基长度1/2为加密区间距10 cm、直径为12 mm,未加密区箍筋间距15 cm。43.78 m质量合计14 980.3 kg(其中,φ25钢筋10 874.6 kg、φ12钢筋3 166.7 kg、4根声测管939 kg),此质量不含上部临时钢筋稳固接长声测管至栈桥面部分的材料质量。钢筋笼半成品桩基孔口逐节接长,现场采用机械挤压套筒方式施工,φ25钢筋挤压套筒长度17 cm,挤压力60~70 MPa(结合隧道同类钢筋工艺性试验检测确定所得)。

7.3.4 混凝土拌和供应

本次10-4号桩基施工混凝土总体考虑由2号拌合站负责供应,该拌合站设置于河对面,需要轮渡船协助罐车摆运输,倒运1次约0.5 h。3号拌合站作为应急供应拌和准备，运距约 15 km。桩基混凝土设计强度为 C35，设计方量 211.1 m³（超灌长度 1.5 m，未考虑超方系数），施工中一般预估超方系数为 20%，则需要浇筑混凝土 253.3 m³。两个拌合站需要准备原材各不少于浇筑 500 m³ 混凝土的量（预防 2 号拌合站及渡船中途出现故障，则由 3 号拌合站供应混凝土）。

7.3.5 混凝土配合比

由于 10 号墩单桩设计方量至少 211.1 m³，灌注时间长，如何保证灌注时间小于混凝土初凝时间是重点。针对 10-4 号桩基施工，试验室对 C35 水下配合比进行了反复试配及调整，现将试配数据汇总如下：

对拌合站地材进场进行车车验收制度，并及时进行检测，材料进场后反复进行检测，检测结果见表 7-5。

表 7-5 地材检测结果表

材料名称	含泥量（规范<1.0%）	泥块含量（规范<0.2%）	压碎值（规范≤10%）	针片状（规范≤8%）
碎石	0.4	0.1	7	5
材料名称	石粉含量（规范≤7%）	泥块含量（规范≤0.5%）	细度模数（3.1～3.7）	
机制砂	5.8	0.2	3.3	

(1) 水泥采用东方希望重庆水泥有限公司 P·O42.5 普通硅酸盐水泥，粉煤灰采用神华神东电力重庆万州港电有限责任公司 F 类 II 级粉煤灰。

(2) 配合比为：水泥：粉煤灰：河砂：碎石：外加剂：水＝361：90：802：941：451：167；碎石采用 2 级配 5～10 mm 30%，10～25 mm 70%，河砂为 I 区粗砂；计算水胶比为 0.37。

7.4 施工方案

7.4.1 深水桩基混凝土灌注施工工艺流程

深水桩基混凝土灌注施工工艺流程如图 7-3 所示。

7.4.2 管理人员分工

明确每个人的具体工作职责及标准，确保施工流程正常有序运转落实，涉及主要管服人员 23 人。

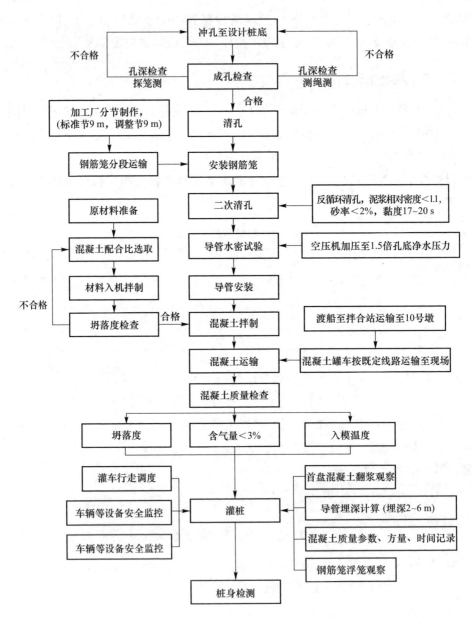

图 7-3 深水桩基混凝土灌注施工工艺流程图

7.4.3 技术与质量细部控制

1. 对桩基成孔质量进行检验

成孔检查项目的检测方法、数值、频率必须满足现行规范要求，测量孔深的测绳要在用水浸湿的情况下进行标定，并要考虑测锤的影响。孔底沉淀厚度用标准测锤检测，测锤采用锥形锤，锤底直径为13～15 cm，高度为20～22 cm，质量为4～6 kg。

2. 钢筋笼下放

(1)钢筋笼安装：按标准化管理要求在加工场集中分节加工，分节运输至现场进行安装，钢筋笼的连接采用挤压套筒连接。钢筋笼制作时，为保证钢筋笼骨架有足够的刚度，避免在运输与吊装过程中产生变形，制作时应加大加强箍筋直径，并且在做好的加强箍筋内增加三角支撑(三角支撑采用φ25钢筋)，然后在底胎膜上按照设计间距进行布置。钢筋笼在现场分节拼装后将三角支撑拆除。

(2)吊筋安装：自桩顶开始接长四根主筋(φ25钢筋)，吊筋竖直方向每隔2 m增加一道水平撑筋(φ25钢筋)，吊筋上端与钢护筒焊接牢固，双面焊接焊缝长度≥12.5 cm。吊筋骨架具体布置如图7-4所示。

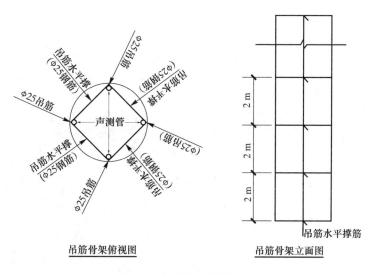

图7-4 钢筋笼吊筋骨架图

(3)声测管安装：声测管自桩底接长至钻孔平台面下30 cm，桩身段声测管采用钢丝每2 m一段与桩基主筋绑扎牢固，吊筋段声测管每2 m一段与吊筋采用钢丝绑扎牢固，声测管安装完成后将管内注满清水，检测真密封性（如出现漏水情况，应找出原因及时处理）。

3. 导管安装质量气密检测

混凝土灌注采用 $\phi 30$ cm 的导管，导管长度由孔底标高和灌注漏斗的标高决定。采用装有橡胶垫圈的法兰盘连接。10-4 号桩基钻孔平台至孔底深度为 81.9 m，料斗下口高度为 1.3 m（含导管接头 0.5 m、料斗缩口高度 0.8 m），导管至桩孔底面考虑 0.6 m 高度，需要导管长度：$81.9-1.3-0.6=80$(m)，导管从下向上至钻孔平台安装依次为：$4.0 \times 1+3.0 \times 25+1.0 \times 1=80$(m)，共 27 节。

每套导管在初次沉放前必须试拼，并进行水密试验，确保不漏水，检验结果符合要求后再使用。试拼后的导管逐一标号，不同套导管间不能混用，并在其上用油漆每隔 100 cm 记录其长度，现场拼装时要保持密封圈无破损，如有损坏不得使用，并须确保接头严密，管轴顺直。导管总数应配备 20% 的备用导管。

水密性试验：将拼装好的导管先灌满水，两端封闭，一端焊接出水管接头，另一端焊接进水管接头，并与压水泵出水管相接，启动压水泵给导管注入压力水，当压力水泵的压力表达到导管承压压力值（孔底静水压力的 1.5 倍）时，稳压 15 min 后接头及焊缝处不渗漏即为合格。

导管气密性试验如图 7-5 所示。

图 7-5 导管气密性试验

4. 料斗设计

本次深水桩基灌桩采用 $\phi30$ 的导管,导管内混凝土方量为 $5.6\ m^3$(即 80×0.07),开盘时导管距离孔底悬空 $60\ cm$ 即 $2.94\ m^3$,因此,首盘混凝土所需方量不少于 $8.54\ m^3$。料斗设计为上段 $1\ m\times 2.6\ m\times 2.6\ m$ 立方形+下段高 $0.8\ m$ 锥型料斗(接直径 $30\ cm$ 的导管接管),具体尺寸如图 7-6 所示。

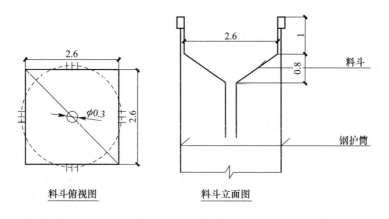

图 7-6　料斗设计图

料斗体积计算:$2.6\times 2.6\times 1+[S_1+S_2+\sqrt{(S_1\times S_2)}]\times h/3=6.76+2.50=9.26(m^3)$,满足 $8.54\ m^3$ 的储料要求,同时准备一车 $10\ m^3$ 混凝土一起卸料供应灌注。

5. 现场混凝土质量检查

混凝土运输至现场,开盘前,试验室、现场技术员应对混凝土质量进行检查,判定混凝土质量是否达到水下混凝土施工要求,首盘混凝土由于始终在混凝土顶面,要求其初凝时间应适当长些,混凝土坍落度及和易性满足要求方可开盘,否则,退回拌合站调整合格后方可使用。

6. 混凝土灌注记录

由于深水桩基灌桩过程中不确定因素多,施工过程现场技术人员将浇筑过程每车料相关数据记录详细,以便对灌桩进展情况进行分析和准确判断控制。每浇筑一车测量一次混凝土面高度,以此推断不同深度围岩的状况及超方情况。统计混凝土浇筑过程的性能指标(坍落度、含气量、温度)及其他事项。

7. 抗浮笼预控

钢筋笼上浮主要原因是混凝土浇筑速度过快,导致混凝土的上托力、泥浆与钢筋笼向上的摩擦力大于钢筋笼自重,从而产生浮笼现象。钢筋笼产生上浮的现象根据钻孔灌注桩的施工实践证明,一般出现在混凝土灌注初期,如果这段时间不出现此种现象,随着钢筋笼在混凝土中埋深增加,再出现此种质量问题的可能性很小。钢筋笼抗浮笼措施从以下几个方面进行控制:

(1)控制清孔泥浆相对密度与含砂率:采用反循环方式清孔,严格按规范将孔底泥浆相对密度控制在规范范围以内,泥浆相对密度<1.1,含砂率<2%,黏度为 17~20 s,从而减小泥浆与钢筋笼之间的摩擦力。

(2)控制灌注速度:在首批混凝土灌注时,如果混凝土下料过快,导管内泥浆会冲击孔底使沉渣上翻,对钢筋笼产生较大的冲力,同时,孔内泥浆对钢筋笼向上的摩擦力也相应增大,导致钢筋笼上浮,因此,首批混凝土浇筑不宜过快。

(3)确保混凝土连续性浇筑:混凝土灌注最好连续施工,在混凝土灌注初期应适当放慢速度,之后可以适当加快,以保证终灌时首批混凝土不超过初凝时间。如果混凝土方量大、施工温度高、混凝土初凝时间短,可适当掺加一定的缓凝剂,但其掺量必须通过严格的试验确定。

(4)控制导管埋深:根据混凝土面标高与导管底口标高,严格按规范进行导管埋深,导管埋深控制在 2~6 m 以内,导管应及时进行提升,以保证导管在混凝土内有足够的埋深而又不至于埋深过大。

(5)控制混凝土坍落度:混凝土入孔坍落度宜为 200~220 mm,应根据施工季节、施工方法、运输方式和运输距离等,适当考虑混凝土坍落度的损失影响。

(6)增加底托盘:原理是在钢筋笼底部附加托盘,借用混凝土重力和反向的冲击力来控制钢筋笼上浮。具体操作是在钢筋笼底部以上焊接一圆环钢板。

(7)将吊筋骨架与钢护筒焊接牢固,以增加其抗浮能力。

8. 混凝土堵管措施

在排除导管自身原因外,水下混凝土堵管主要有以下三个方面原因:

(1)初灌时由于混凝土本身原因坍落度过小,流动性差,夹大石子,拌和不均,离析,粗骨料集中而造成堵管。

处理方法:使用长杆冲捣导管内混凝土,或抖动导管,使隔水栓或混凝土下落;如仍不下落时,则将导管提出清洗,然后重新吊装、灌注。

(2)机械故障或其他原因使混凝土在导管内停留时间过长,最初灌注的混凝土已经初凝,增大了管内混凝土下落阻力,混凝土堵在管内。

预防方法:灌注前检查灌注机械,并备有备用机械,首批混凝土中可掺入缓凝剂。

(3)导管接头不严或螺杆断折、焊缝破裂,水或泥浆从接头或焊缝处注入,导致水泥浆流失,形成碎石砂卡管。

预防及处理方法:封底和卡管立即将导管提出,将孔底混凝土沉淀物用反循环清除。

9. 混凝土供应速度、浇筑速度、初凝速度、拌合速度相匹配

10-4 号桩基设计方量为 211.1 m^3,初步考虑 20%超耗,则共需要约 253 m^3 混凝土,拌合站每小时可搅拌约 40 m^3 混凝土,因此,完成该桩基混凝土浇筑需约 7 h,为延缓混凝土初凝时间,提高混凝土和易性,掺加规范要求范围内的缓凝减水剂,使混凝土初凝时间延长至 15 h。在混凝土浇筑过程中,由于桩基混凝土方量较大,浇筑时间较长,为确保混凝土浇筑连续进行,应配置 7 台罐车。渡船每小时渡运两次罐车,每次两个罐车,确保现场每小时内可浇筑 40 m^3 混凝土。

10. 钢护筒内壁泥浆清理

由于钢围堰施工时,钢吊箱围堰抗浮和自重需要靠钢护筒与桩基混凝土的握裹力来承担,因此,对钢护筒与桩基混凝土之间的摩擦系数应达到设计要求,在冲桩过程中钢护筒内表面附有泥浆,附着的泥浆将影响钢护筒与桩基混凝土之间的摩擦系数,产生不利影响,同时,不密实会导致围堰形成抽水后可能存在不断漏水的隐患,因此,拟采用两种措施对钢护筒表面进行清理。

(1)在冲击钻钻头周围包裹土工布对钢护筒四周进行刷擦清理,土工布与钻头四周的包裹应牢固可靠,必须避免在钢护筒清理的过程中土工布掉入孔内情况。

(2)在冲击钻钻头周围焊接一根钢筋,并缠裹细钢丝网对钢护筒四周进行上下磨刷清理,细钢丝与钻头四周的钢筋焊接牢固可靠,避免在钢护筒清理的过程中掉入孔内。

11. 导管长度、测量绳检查

混凝土在浇筑过程中,控制混凝土面标高和导管埋深是通过导管长度与测量绳来实现的,导管长度与测量绳的刻度应严格检查,以便精确控制混凝土面标高和导管埋深。拆卸导管,逐节记清楚时间及长度,计算好埋置深度,保持在 2~6 m 范围。

12. 原材料质检合格

原材料质量合格是工程质量合格的源头,准备前期必须对声测管、地材、钢筋、套筒相关原材料逐一进行检验检测并整理好相关资料,施工配合比结合当前拌合条件做好试拌,检测混凝土相关指标要满足要求,否则,要找到原因并及时整改,以保证混凝土施工质量符合浇筑及后期质量指标要求。

13. 混凝土拌合质量

水下混凝土灌注能否顺利进行，混凝土质量是关键因素之一，因此，对混凝土配合比等合理控制是重点。

(1)混凝土原料：粗骨料宜选用卵石，石子含泥量小于2%，以提高混凝土的流动性，防止堵管。

混凝土初凝时间：一般混凝土初凝时间仅为3～5 h，只能满足浅孔小桩径灌注要求，但不能满足深桩灌注时间要求，根据拌合站每小时搅拌混凝土能力与桩基方量特点，彭溪河多线特大桥水中桩基混凝土应加缓凝剂，使混凝土初凝时间大于15 h。

(2)混凝土搅拌方法和搅拌时间：为使混凝土具有良好的保水性和流动性，应按合理的配合比将水泥、石子、砂子倒入料斗后，先开动搅拌机并加入30%的水，然后与拌合料一起均匀加入60%的水，最后再加入10%的水(如砂、石含水率较大时，可适当控制此部分水量)，最后加水到出料时间控制在60～90 s内。按照拌合规程搅拌，并每盘料搅拌时间为120 s。

(3)坍落度选择：坍落度宜控制在200～220 mm，混凝土灌注距桩顶约5 m处时，坍落度控制在180～200 mm，以确保桩顶浮浆不过高。

7.5 爆破后桩基成孔的关键问题及控制

通过微差爆破技术，将倾斜裸岩爆破松动后，然后再进行清渣、清孔、地形测量等操作，检查河床平整度，判断爆破效果是否满足钻孔施工要求。但在成孔过程中，仍然存在影响钻孔施工和成孔质量的潜在问题，若不及时进行解决，则会造成孔位失效等事故，将严重影响施工进度。

7.5.1 护筒失效

护筒失效是指在钻进过程中护筒变形或突然往下沉，护筒外壁冒水，刃脚或钻孔壁向孔内外漏浆。在施工中应重视漏浆事故，严重的漏浆若不及时处理，会引起塌孔。

1. 原因分析

(1)埋设护筒时，回填土夯实不够，埋设太浅，护筒脚漏水。

(2)护筒制作不良，接缝不密合或焊缝有砂眼等，造成接缝漏浆。

(3)护筒下方孔内大面积塌孔,致使地层发生变化,从而使钢护筒下沉并倾斜,失去护筒作用。

(4)地下障碍物或护筒内外压力差过大,致使护筒局部变形、开裂、漏水,失去护筒作用。

2. 预防和处理措施

(1)采用黏土加固护筒周围时,若漏水严重,应将护筒拔除,然后回填重新埋设。

(2)在顶入钢护筒时,尽量将钢护筒埋得深一些,增加其稳定性和抵抗局部冲刷的能力。

(3)如果护筒的下沉量较少,可通过提高泥浆密度和黏度的方法,改善泥浆指标后,继续钻孔。

(4)护筒变形可以根据其变形的部位进行灵活处理(氧割、千斤顶校正、套筒法等)。

7.5.2 钻孔时塌孔

塌孔的表征是指孔内水位突然下降,孔口冒细密的水泡,出渣量显著增加而不见进尺,钻机负荷显著增加等。

1. 原因分析

(1)泥浆相对密度不够或泥浆其他性能不符合要求,使孔壁未形成坚实泥皮,孔壁渗漏。

(2)护筒底部土层厚度不足,护筒底部出现漏水,造成孔内泥浆水头高度不足,支护孔壁压力不够。

(3)护筒埋置太浅,周围封堵不密实会出现下端孔口漏水、坍塌或孔口附近地面受水浸泡软化或钻机装置在护筒上由于振动使孔口坍塌、扩展或较大塌孔的情况。

(4)清孔后泥浆相对密度、黏度等指标降低,反循环清孔,泥浆吸出后未及时补浆。

(5)起落钻头时碰撞孔壁。

(6)钻进时中途停钻时间较长,孔内水头未能保持在孔外水位或地下水水位线以上2.0 m,降低了水头对孔壁的压力。

(7)护筒制作不符合要求,埋设护筒不规范,埋设的深度不够,周围土未用黏土填封密实,引起护筒底漏浆冲刷孔壁。

(8)塌孔位置较深且不严重时,采用黏土回填至塌孔位置以上2~3 m,并采取加大泥浆相对密度、改善泥浆性能、加高水头等措施,继续慢慢钻进;塌孔严重时,应立即将钻孔全部用砂类土或砾石土回填,如果无砂类土和砾石土,可采用黏质土掺入5%~8%的水泥进行回填,待孔内回填土稳定后重新开钻;塌孔位置不深时,可采用加深护筒的方法,将护筒内的填土夯实,重新开钻。

2. 预防和处理措施

(1)保证钻孔时泥浆质量的各项指标满足规范要求。

(2)保证钻孔时有足够的水头高度,在不同土层中选用不同的转速和进尺。

(3)起落钻头时对准钻孔中心插入。

(4)塌孔事故发生后,回填砂和黏土的混合物到塌孔处以上1~2 m,回填土层稳定后重新钻孔。

(5)若为轻微塌孔,应立即增大泥浆相对密度,提高泥浆水头,增大水头压力。

(6)塌孔不深时,可改用深埋护筒,护筒周围夯实,重新开钻。

(7)若发生严重塌孔,应马上用片石或砂类土回填,或用掺入不小于5%水泥砂浆的黏土回填,必要时将钻机移开,避免钻机被埋入孔内,待回填稳定后重钻。当回填后片石的岩面倾斜较大时,钻头易摆动,撞击护筒或孔壁,造成偏孔或塌孔、卡钻等现象,这时先选用小冲程进行冲击,待将孔底的浮土、凸出部分凿平出现平台后,再加大冲程转入正常冲程。

(8)保证护筒有足够的埋深,尽量把护筒埋置在稳定的土层中。

(9)若塌孔发生在护筒底脚处,根据现场情况,可以立即拆除护筒,回填钻孔,重新埋设护筒后,再钻进;采用加长护筒,使护筒通过振动锤继续下沉,直至埋于塌孔位置以下,然后外围用黏土或装有黏土的草袋回填夯实。重新钻孔时,控制好泥浆稠度和水头高度。

(10)若塌孔位置较深,则采用测深锤探测,根据现场的地质情况分析塌孔程度,若不严重,则可以加大泥浆相对密度,继续钻进;若塌孔较为严重时,则应立即用砂或小砾石加黏土回填至塌孔以上位置,甚至将整个钻孔全部回填,暂停一段时间,使回填土沉积密实,水位稳定后,重新钻进,应时刻注意不良现象的发生。

7.5.3 钻孔偏斜、缩孔和扩孔

偏斜、缩孔是指现场钻成的桩孔,垂直桩不垂直或发生弯曲,斜桩斜度不符合要求。扩孔大多数是由于孔壁坍塌或钻杆摆动过大造成的。斜孔造成钢筋笼难以下到设计标高,从而使桩基偏心受力,降低桩基的承载力。

1. 原因分析

(1) 钻孔中遇有较大的孤石或探头石，扩孔较大处钻头摆动偏向一方。

(2) 在有倾斜度的软硬地层交界处，岩石倾斜处钻进或粒径大小悬殊的砂卵石中钻进，钻头受力不均。

(3) 在软地层中钻进过快，水头压力差小。

(4) 扩孔是因孔壁坍塌或钻头摆动过大所致。

(5) 在钻孔前没有对钻机进行严格的检查修理，机架安装不正，护筒埋设垂直度达不到要求。

2. 预防和处理措施

(1) 钻孔过程中必须经常检查钻机的位置有无挪动，钻头回弹、旋转是否正常，地层结构有无变化。应保证旋挖钻机底座水平，钻头中心和孔位中心在一条竖直线上，并经常检查校正。

(2) 在有倾斜的软硬地层钻进时，采取减压低速钻进。

(3) 遇有斜孔、偏孔时，用检孔器检查探明孔偏斜和缩孔的位置情况，在偏孔、缩孔处上下反复扫孔。偏孔、缩孔严重时回填砂黏土重钻。

(4) 钻头下放要徐缓，主绳在泥浆面上逐渐离开桩基中心位置，钻头触及孔底后将主绳稍微带紧，主绳位置偏移、提钻时有轻微卡钻等均表明孔位出现斜弯，需及时查明斜弯位置和软硬地层交接位置的标高和长度，回填黏土加片石至不规则孔段，待沉积密实后再继续钻进。

7.5.4 卡钻、掉钻和埋钻

1. 主要原因

(1) 用冲击钻施工时，出现梅花孔，冲击钻头被狭窄部位卡住；塌孔、落石或工具掉进孔内，卡住钻头；长护筒倾斜，下端被钻头冲击变形，同钻头卡在一起；未及时焊补钻头，钻孔直径逐渐减小，而焊补超限，又用高冲程猛击，发生卡钻；伸入孔内露头不大的探头石未被打碎，卡住冲击锥顶或锥脚；下钻太猛，绳放松太多，钻头被碰撞，在孔内倾倒而顶住孔壁，引起卡钻。

(2) 钻杆使用过久，连接处有损伤或接头磨损过多；地质坚硬，进尺太快，超负荷引起钻具断裂；卡钻（埋钻）时强扭，因操作不当使钢丝绳或钻杆（钻头）疲劳断裂；联结钢丝绳与钻头的绳卡松动或数量不足，钻具之间的连接螺栓松动，被剪断，引起掉钻。

(3) 卡钻或掉钻后，由于未能及时解决，时间一长，浮渣或稠度很大的泥浆沉积,发生埋钻;卡钻或掉钻后,由于孔壁长时间浸泡而塌孔或在打捞钻头过程中,碰撞孔壁而塌孔,发生埋钻。

2. 预防和处理措施

(1)当为梅花孔卡钻时,可松绳落钻然后再提钻,使钻头转一个角度(可用撬棍配合),顺梅花孔将钻头提上来;使用小钻头冲击卡钻的一边孔壁或钻头,使钻头松动后再起吊。

(2)探准障碍物的位置,收紧钻头大绳,可用冲、吸的办法,将卡钻处松动后再提出;用滑轮组或千斤顶强行提出。

(3)若地质情况较好(防止塌孔、埋钻),可用压缩空气管或高压水管下入孔内,对卡钻处适当冲射一段时间,使卡钻松动后再提出。

(4)开钻前应清除孔内杂物,检查所有的钻杆、钻具、连接装置,对于有损伤和磨损的要做上标记,特别要对应力较集中的焊接处进行细致检查,有问题及时处理或区别使用,在钻架上端加焊角钢,接头处增设保险钢丝绳,钻头处设置钢筋环以备打捞;对于比较坚硬的地层,应采用减压、低速钻进,防止扭矩太大,发生掉钻事故。

(5)在容易发生断裂的部位预留一根打捞绳绳头,或者在钻头的加劲肋上预先焊上打捞钩板,一旦发生掉钻,方便打捞;用各种打捞工具都捞不上来的坠落物,则需潜水员下水进行打捞;排除沉积或减轻淤埋程度,积极打捞,在一般的"换浆法"清淤仍不见效时,可以采用"辅助爆破法"和"射水稀释法"。

(6)对于掉钻,可采用捞叉、捞钩、绳套、夹钳等工具捞取;当钢丝绳折断或绳卡松脱、在钻头上留有一段钢丝绳时,可用捞叉捞取;如钻头上焊有钢筋环,可用强度高、尺寸和质量适合的冷弯或锻制钢筋捞钩进行捞取;如钻头留有一定长度的钻杆时,可用单根钢丝绳套或双钢丝绳套捞取。

(7)钻头在孔底被卡住时,先用吸泥机吸泥并清除钻渣,然后再提起钻头。如采取强提必须加上保护绳,防止钢丝绳拉断发生掉钻,并注意枕木垛或其他支撑设施的摆放位置,必须离开孔口一定距离,以免孔口受压造成孔壁坍塌。

7.5.5 灌注混凝土塌孔

灌注水下混凝土过程中,发现护筒内泥浆水位忽然上升溢出护筒,随即骤降并冒出气泡,则为塌孔征兆。如用测深锤探测混凝土面与原深度相差很多时,可确定为塌孔。

1. 原因分析

(1)灌注混凝土过程中,孔内外水头未能保持一定高差。在潮汐地区,没有采取措施来稳定孔内水位。

(2)护筒刃脚周围漏水;孔外堆放重物或有机械振动,使孔壁在灌注混凝土时塌孔。

(3)导管卡挂钢筋笼及堵管时,均易发生塌孔。

2. 预防和处理措施

(1)灌注混凝土过程中,要采取各种措施来稳定孔内水位,还要防止护筒及孔壁漏水。

(2)用吸泥机吸出塌入孔内的泥土,同时保持或加大水头高度,如不再塌孔,可继续灌注。

(3)如用上法处置,不停塌孔时,或塌孔部位较深,宜将导管、钢筋笼拔出,回填黏土,重新钻孔。

7.5.6 钢筋笼上浮

1. 原因分析

混凝土浇筑速度过快,导致混凝土的上托力,泥浆与钢筋笼向上的摩擦力大于钢筋笼自重,从而产生浮笼现象。一般出现在混凝土灌注初期。

2. 预防和处理措施

(1)控制清孔泥浆相对密度与含砂率:采用反循环方式清孔,严格按规范将孔底泥浆相对密度控制在规范范围以内,泥浆相对密度<1.1,含砂率<2%,黏度为17~20 s,从而减小泥浆与钢筋笼之间的摩擦力。

(2)控制灌注速度:在首批混凝土灌注时,如果混凝土下料过快,导管内泥浆冲击孔底,使沉渣上翻,对钢筋笼产生较大的冲力,同时,孔内泥浆对钢筋笼向上的摩擦力也会相应增大,导致钢筋笼上浮,因此,首批混凝土浇筑不宜过快。

(3)钢筋骨架上端在孔口处与护筒相接固定,以增加其抗浮能力。

(4)灌注中,当混凝土表面接近钢筋笼底时,应放慢混凝土灌注速度,并应使导管保持较大埋深,使导管底口与钢筋笼底端间保持较大距离,以便减小对钢筋笼的冲击。

(5)混凝土液面进入钢筋笼一定深度后,应适当提导管,使钢筋笼在导管下口有一定埋深。但注意导管埋入混凝土表面应不小于 2 m，不大于 10 m。如果钢筋笼因为导管埋深过大而上浮时，现场操作人员应及时补救，补救的办法是马上起拔拆除部分导管；在拆除一部分后，可适当上下活动导管；这时可以看到，每上提一次导管，钢筋笼在导管的抽吸作用下，会自然回落一点；多上下活动几次导管，直到上浮的钢筋笼全部回落为止。

7.5.7 烂桩头

1. 原因分析

（1）清孔不彻底，桩顶浮浆过浓过厚，影响水下混凝土灌注时测量桩顶位置的精度。

（2）导管起拔速度过快，尤其是桩头直径过大时，如未经插捣，直接起拔导管，桩头很容易出现混凝土中间高、四周低的烂桩头。

（3）浇筑速度过快，导致孔壁局部坍塌，影响测量结果。

2. 预防和处理措施

（1）认真做好清孔工作，确保清孔完成后孔口没有泥块返出；在空孔较长的桩内测量混凝土上升面时，应控制好测量重锤的质量。通常认为使用 5～40 mm 碎石混凝土时，重锤的质量可以控制在 1.5 kg；使用 5～25 mm 碎石混凝土时，重锤的质量可以控制在 1 kg 左右。在设计桩顶与地面距离＜4 m 时，通常认为使用竹竿通过手感测量混凝土面更为直观，精度更高。

（2）混凝土终灌拔管前，应使用导管适当地插捣混凝土，将桩身可能存在的气包尽量排出桩外，以便精确测量混凝土面。也可通过导管插捣使桩顶混凝土摊平。

7.5.8 混凝土灌注导管进水

1. 原因分析

（1）首批混凝土方量不够或导管口距孔底的间距过大，混凝土不能埋没导管底口或导管埋入过浅造成泥浆从导管底口进入。

（2）导管接头不严，接头间橡皮垫被导管高气囊挤开，或导管焊缝破裂，水从接头或焊缝处流入。

（3）在灌注中，上下抽动导管过猛，导管接头处橡胶垫破裂导致水流入导管；若导管为丝扣连接，导管被混凝土罐车撞击弯曲，丝扣滑丝导致进水。

(4)操作不当或机械制动失灵导致导管提升过猛,或测深搞错,导管底口拔离混凝土面,底口涌入泥水。

2. 预防和处理措施

(1)导管进水,当为首批混凝土封底不成功时,应立即将导管提出,将孔底的混凝土用空气吸泥机或抓斗清除,然后下导管重新灌注。

(2)若导管拔出混凝土面,应立即组织施工人员依次将导管拆除并清洗干净,迅速将装有底塞的导管压重插入原混凝土表面以下 2.5 m 的深处,然后再继续灌注,将导管提升 0.5 m,按照初灌混凝土的要求继续灌注。

(3)由于导管接头原因进水,视具体情况,拔换原管重新下管后,将进入导管内的泥浆用泥浆泵抽出,续灌时混凝土配合比适当增加水泥用量,以后可恢复正常配合比。

7.5.9 导管卡管(堵管)

在灌注过程中,混凝土在导管中下不去称为卡管(堵管)。

1. 原因分析

(1)初灌时,隔水栓卡管或由于混凝土本身的原因如坍落度过小、流动性差、粗骨料过大、拌合物不均匀产生离析、导管接缝处漏水、大雨中运送混凝土未加遮盖使混凝土中的水泥浆被冲走,粗骨料集中造成堵塞。中期导管堵塞大多数是由于灌注时间过长,表面混凝土已初凝或混凝土的砂石级配差造成混凝土离析。其次,混凝土中有大块物体或是由于混凝土在导管内停留时间过长也可能发生堵塞。

(2)机械发生故障和其他原因使混凝土在导管内停留时间过长或灌注时间持续过长,初灌注的混凝土已经初凝,增大了管内混凝土下落阻力,造成混凝土堵在管内。

(3)导管内进入异物,导致混凝土在导管内停留过久,或因混凝土离析而发生堵管。

2. 预防和处理措施

(1)堵管后视具体情况,若首批混凝土已初凝,则应将导管拔出,用吸泥机将孔内表层混凝土和泥浆、渣土等吸出,重新下导管灌注。但灌注结束后,这根桩宜作断桩再予以补强。另一种处理方法是将已灌注的混凝土做废弃处理,孔内回填片石黏土后重新成孔。

(2)若孔内混凝土尚未初凝,且流动性很好,迅速将导管连同堵塞物拔起,重新下导管配重压入已灌注混凝土内 2 m，使用潜水泵将导管内泥浆抽出，然后继续灌注；另一种是重新下导管二次拔球重新灌注，做法是导管插入原混凝土面以下 50 cm，料斗内放入足够的首批混凝土量进行二次拔球灌注，当混凝土灌入足以置换完导管内泥浆时，配重再将导管压入原混凝土内 1 m 左右。后续正常灌注，为保证桩头混凝土质量需超灌 2 m 以上。但该种处理方法桩基质量难以保证。根据检测结果需做补强处理。

7.5.10 埋管和断桩

1. 原因分析

(1)导管埋入混凝土太深，导管内外混凝土已初凝使导管与混凝土之间阻力过大，此时提管过猛将导致导管拉断，造成埋管。

(2)钢筋笼卡住导管的法兰盘，导致导管无法提升。

(3)混凝土和易性差、坍落度小、骨料级配不合理、骨料最大粒径过大，灌注中易堵管，致灌注中断夹泥而断桩。

(4)导管埋深太浅、提升过快、幅度过大导致下口脱离孔内混凝土、接头不严致孔内泥浆混入混凝土等都会使桩体夹泥而断桩。

(5)混凝土供应不足，致使灌注中断时间太长，未按设计规范接桩而断桩。

2. 预防和处理措施

(1)埋管的处理，可用导链滑车、千斤顶试拔。如果仍拔不出，当孔径较大时，已灌的表层混凝土尚未初凝，可插入另一根导管，进行二次封底。

(2)严把原材料质量关，混凝土配合比、骨料最大粒径合理，每根桩留组试块，在开灌、中间和结束时各做 1 次坍落度测定。

(3)混凝土中导管埋深须控制，导管不得拔离混凝土。

(4)灌注中断，若因导管堵塞，孔内混凝土还没初凝，则提出导管快速清堵，然后重新下放导管底口至原灌注面上 10 cm 处，加设球胆，计算导管长度和料斗容积，待混凝土灌满导管和料斗瞬间，释放导管和料斗，利用重力将导管压入原混凝土，完成湿接桩，若中断后混凝土已过初凝，断桩位置高于地下水水位且深度小于 4 m，可先抽清孔内泥浆，安排人员在钢筋笼保护下穿戴安全设备下至断桩处，凿毛混凝土断面和清洗断桩处钢筋，然后继续浇筑混凝土。

(5)断桩位置较深或处低于地下水水位下，可用小直径钻头在断面处钻孔，小孔深满足要求后重清理桩孔，再在小孔中置入一段小钢筋笼，埋深为笼体半长，然后继续浇筑混凝土。

7.6 深水位大直径桩基成孔技术

钢护筒埋设和施工时保持稳定是深水裸岩桩基成孔施工的关键技术和难点之一，特别是对于深水位，基岩裸露且河床面较陡的大跨桥梁桩基钢护筒埋设，若直接采用振动打桩机振动下沉方法具有较大难度，不仅需要引入大型或进口振动设备，而且在施工中易出现变形和卷边，处理起来费时、费力、费工。因此，针对深水、裸岩和钢护筒长细比大的特点，需对钢护筒沉放技术进行研究，以解决钢护筒埋设、沉放过程倾斜度控制和稳定性问题。此外，桩基采用水下灌注施工，施工时也有可能导致桩基混凝土产生离析、不密实、蜂窝、露筋等现象，由于深水桩基属于水下的隐蔽工程，需要借助水下成像技术来准确评价灌注桩身内、外表面的完整性及桩基施工质量。

7.6.1 钢护筒栽设成孔技术

在深水、裸岩、倾斜岩面上进行大直径钢护筒埋设，主要面临两个困难：一是钢护筒着床困难；二是如何嵌入基岩至设计标高。对于钢护筒在倾斜岩面上的着床问题，一般采用冲击钻预先在基岩上冲孔或进行水下爆破，将桩位处岩面大致整平，以利于钢护筒着床，然后采用振动下沉。但是，由于深水、裸岩桩基的钢护筒直径大、长细比大、嵌岩深特点，提出预先冲击形成定位孔的钢护筒栽设技术，以解决深水、裸岩大直径钢护筒埋设和沉放施工难题。

钢护筒栽设技术是指在平台上用冲击钻在基岩上进行冲孔，必要时辅以水下爆破，冲孔直至护筒底设计标高，形成定位孔，然后逐节接长钢护筒，整体沉放到定位孔内，准确调整钢护筒平面位置和竖直度后，在钢护筒外四周灌注水下混凝土，完成钢护筒的嵌岩埋设。由于钢护筒埋设主要通过在已成形的孔内进行沉放，然后浇筑桩侧混凝土完成钢护筒的嵌岩埋设，因而将这种工艺称为钢护筒栽设工艺。

1. 定位孔冲击成形

钢护筒栽设技术的首要前提是定位孔的预先冲击成孔。具体过程为在工作平台上安放钻机，定位准确，采用略大于钢护筒直径的冲击钻，在设计桩位处进行定位孔冲击作业。必要时在桩位处先进行水下爆破，对桩位范围内基岩大致整平，以利钻头着床，之后再继续冲击成孔，直至达到钢护筒设计底标高。

根据钻孔桩冲击钻孔原理，定位孔冲击成孔，最关键的是要解决钻渣的悬浮问题。由冲击钻成孔原理进行理论分析，常规的钻孔桩冲击成孔，是在已埋设的钢护筒内，借助冲击锤冲击产生的能量使岩层破碎成钻渣，然后采用一定浓度的泥浆并通过冲击锤的上下提拉，产生活塞效应将钻渣悬浮起来，确保冲击锤每次都能接触到新鲜的岩面，避免钻渣沉淀在孔底消耗能量，以此确保进尺速度。而钢护筒定位孔的冲击成孔，属于清水钻进，在冲孔时不能借助泥浆，并且冲击锤的上下提拉也因为没有钢护筒的围护而无法形成活塞效应，冲击破碎的钻渣由于不能及时悬浮起来而沉淀在孔底，将消耗大量的冲击能量，造成进尺困难。因此，对于清水冲击成孔，刚钻进时，进尺会比较顺利；当孔深达到 2 m 以上时，进尺速度会逐渐下降；当孔深达到一定深度时，进尺速度会明显下降，甚至会出现数天不能进尺的现象。

为解决钻渣的悬浮问题，可采取预设孔深法的应对措施，即在冲孔至进尺困难时(一般为 2～3 m)，在孔位处河湖床面沉放高为一米多的圆形钢套箱，然后在钢套箱内继续冲孔。加设钢套箱的作用：一是将孔深加高至河以上，可明显加大冲击锤冲击时的活塞效应，使部分钻渣悬浮起来，以加快进尺；二是钢套箱可阻止孔位周边的碎石进入孔内，避免不必要的冲击能量消耗。

为使预设孔深方法起到预定进尺效果，冲击时必须注意以下三点：

(1)在加工钢套箱前，应先摸清孔位处湖床面的地形和定位孔的孔口直径，根据地形加工钢套箱的底面，使之与湖床面紧贴，以减少空隙；

(2)钢套箱在沉放时应保证位置的准确，避免偏差过大；

(3)在冲孔过程中，应掌握小冲程、连续性冲孔和勤清孔原则。冲锤的冲程不宜过大(一般不超过 2 m)，以加快冲锤上下提拉的频率，尽量使钻渣悬浮起来，冲孔应尽量保持不间断施工，同时，建议每进尺 30～50 cm 就采用气举反循环法清孔一次，以减少孔底沉淀。

2. 栽设技术特点

(1)钢护筒沉放前先进行定位孔冲击，因此，钢护筒的加工、运输可与冲孔同步进行，可明显节约工期；

(2)施工工艺简单，同时，通过栽设技术，可完成大直径钢护筒的嵌岩埋设，一方面避免了大型振动施工设备的投入；另一方面避免了振动埋设过程中钢护筒易变形、刃角易卷边的质量问题。

7.6.2 桩孔垂直度控制技术

桥梁桩基成孔过程中易出现挖孔倾斜现象，在控制桩孔垂直度时，要把握好桩孔垂直度控制分析，严格依照垂直度控制指标调整桩孔承载状况，从而实现桩孔受力的改善。在桩孔垂直度控制时要在每一节护壁施工后，通过桩位轴线及标高检查设备对桩孔垂直度数据进行检测，观察桩孔垂直度指标。一旦发现垂直度超过设计指标后要及时进行调整，对桩孔进行重设。桩孔垂直度控制操作如下：将轴线及标高标注到护壁上口，构建对中十字线，在护壁上使用重锤进行垂直度检查，通过半径尺杆确定垂直度状况。检查过程中要以井深为基础，沿着基准点逐渐向上进行检查，防止出现垂直度检查误差。

在桩基成孔过程中，控制成孔垂直度，主要包括以下内容：

(1)使用钢护筒导向架与钻机施工平台或已沉放的钢护筒进行锚固以保证其有足够的刚度，在其前端设置导向装置，导向装置内设置可供钢护筒定位，施振过程中纠偏、调整的液压千斤顶和锁定装置，随时调节钢护筒的垂直度，保证钢护筒垂直定位。首先，钢护筒起吊至导向架上方相应孔位后，用两台经纬仪从两个互相垂直的方向监控钢护筒的垂直度，然后将钢护筒缓缓垂直下沉至河床后，重新测量、监控并确认垂直度符合要求后，浮吊快速松钩，并下沉施振。其次，用浮吊把振动锤起吊到钢护筒顶面，使振动锤液压钳夹紧钢护筒壁，振动锤先点动再连动。在下放施振过程中，需要全程持续监控钢护筒的垂直度，利用顶推装置微调，直至沉放至设计标高。若发现钢护筒垂直度偏差太大，通过微调仍无法满足要求，应立即停止下沉，利用起重船拔起钢护筒重新施振。最后，施振钢护筒时，通过调节装置内的液压千斤顶，对钢护筒进行有效约束，使其垂直下沉到位。

(2)对钻机采取防振措施。钻机在施工过程中的振动和晃动幅度过大将对成孔质量造成严重影响。为保证钻机在成孔过程中的稳定，可采用U型卡槽、千斤顶、垫枕木等多种措施防止钻机在钻孔过程中振动和移动，并通过在钻机上安装吊锤和水平尺的方式监控钻机的振动和移动情况，并及时进行调整。

(3)对钻进速度的控制。在成孔之前，先熟悉当地工程地质资料，根据地质情况选择合理的钻进速度，在钻进开始阶段应低速钻进，逐步转入正常钻速。在钻杆进入硬土层时，若进尺较快，钻机的钻进阻力较大，钻机易表现出较大幅度震颤，导致钻进极不平稳，此时若不减慢进尺速度，则会使钻杆在钻进中难以保证竖直，从而使成孔产生偏斜。同时，由于不同土层的交界面通常不是严格的水平面，导致在软硬土层交界处同一孔深土质不均，容易使钻头偏心受力，致使钻头在钻进过程中会在软土一侧产生侧向压力，从而使其向软土侧倾斜，因此，在软硬土层交界处必须减缓钻进速度，待完全进入硬土层后，再转入正常钻速。

(4)随时注意成孔过程中的异常情况。在成孔过程中，若发现钻杆摇晃或钻进困难时，应放慢进尺，待稳定后再按正常速度钻进。钻进过程中遇到障碍物时应停止钻进，分析原因，排除地下块石或障碍物后再继续钻进，切忌强行钻进。

7.6.3 水下桩基成孔检测技术

水下灌注桩施工属于隐蔽工程，复杂地质条件或施工操作不当都可能产生塌孔、缩径、桩孔偏斜、沉渣过厚等质量问题，大多数桩基工程仅有成桩质量检测，但是成桩质量检测无法替代成孔质量的检测，成孔质量的好坏直接影响到混凝土浇筑后的成桩质量。若未对成孔进行检测，仅在成桩后再对工程桩进行测试，一旦出现桩基质量问题，则会导致时间和经济的损失。为了避免这类问题和保证成桩质量，根据灌注桩施工分为成孔和成桩两部分的先后次序，将基桩检测分为成孔后检测和成桩后检测。最后，在成桩检测过程中，利用成孔检测数据进行综合分析，对桩身质量检测结果的判定具有重要的辅助作用，并可验证两种技术的关联性。

1. 桩基成孔检测技术

基桩成孔检测通过获得孔径、孔底沉渣、倾斜及深度等参数，来反映桩孔的实际情况。桩孔的孔径偏小会使得成桩的侧摩阻力、桩尖端承载力减小，整桩的承载能力降低；桩孔上部扩径也将会导致成桩上部侧阻力增大，而下部侧阻力不能完全发挥，同时，单桩的混凝土浇筑量会增加；桩孔偏斜在一定程度上改变了桩竖向承载受力特性，削弱了基桩承载力的有效发挥；桩底沉渣过厚使得桩长减短，对于端承桩就会直接影响桩尖的端承能力。

传统的成孔质量检测方法和手段均较为粗糙，如桩位通过经纬仪或全站仪测得；冲孔深度用测绳测量，卷尺校核；垂直度采用检查钢丝绳垂直度及吊紧桩锤上下升降后钢丝绳的变化测定，或者是采用自制的探孔器探测，如钢筋笼式，但该类探孔器由于尺寸固定，只能定性地检测孔径是否小于设计孔径或倾斜，无法保证检测精度，且易破坏孔壁和卡孔，对于扩孔、塌孔、倾斜度、孔底沉渣等指标均无法测定。特别是对于变直径桩或扩底桩，探孔器不能适用，更不能直观地判断成孔质量的好坏；孔径的检测则用专用钢筋探笼，只能做一般定性的测量，由于测量结果误差大，故很难满足大直径超长钻孔灌注桩的成孔质量技术规范的要求。因此，目前对于大型重要工程而言，需采用更科学的超声波法和接触式测试仪器进行成孔质量检测。

(1)接触式测试仪。接触式测试仪由多种仪器共同组成成孔检测系统,包括孔径检测系统、垂直度检测系统及沉渣检测系统,孔深检测与孔径检测一般同时进行。主要的测试仪器有井径仪、沉渣仪、高精度测斜仪、电动绞车、滑轮和计算机等,其工作原理如下:

1)孔径、孔深检测:用于孔径检测的测头前端有四条测腿,如图 7-7 所示。测腿可在弹簧和外力作用下自动张开、合拢,测头放入孔底后,张开的测腿以一定的压力与孔壁接触,测腿的张开角度随着孔径的变化而变化。测孔的孔径、孔深通过井径仪进行测量,井径仪装上阻尼盘和阻尼杆后,通过井口滑轮匀速下放井径仪,可在计算机深度测量程序中实时看到深度变化。当仪器下放至孔底时,此时的深度就是钻孔的深度。到达孔底后,快速向上提拉测绳,使阻尼盘脱开,四条测量腿即被打开。测量腿随电缆提升而沿井壁向上运动,孔壁直径的变化带动测量腿倾角的变化,其变化由传感器变成电信号,由电缆将电信号送传到地面,通过计算机直接绘出桩基孔径和孔深变化曲线。

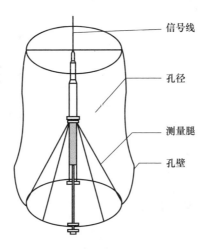

图 7-7 孔径仪示意

2)垂直度检测:测斜仪的组成如图 7-8 所示。测斜工作是根据铅垂原理测量顶角,若井轴与仪器铅垂线有夹角,此夹角就是钻孔倾斜的角度,经机械转换,将倾斜的角度转换为电位差,在刻度盘上即可直接读出钻孔的倾斜角度。钻孔内直接测斜应外加扶正器,宜在孔径检测完成后进行。测试时,通过计算机进入垂直度测量程序,由操作人员通过井口滑轮下放测斜仪,匀速下沉直至孔底后,按照每 5 m 的间隔记录保存检测数据。全部测完后保存确认,测得深度、顶角及方位角、偏移量,并以此计算出偏心距和垂直度值,在检测前,测斜仪必须在孔口中央下放。测定间距一般不宜大于 5 m，在顶角变形较大处应加密检测点数，必要时应重复检测。垂直度检测应避开孔径明显变化段。

3)沉渣厚度检测：钻孔灌注桩在成孔过程中未排除的孔口的土砂或石渣会滞留在孔底，同时，经过循环工艺的浮浆或孔内水中的微细颗粒，成孔结束后也会沉积到孔底形成沉渣。由于沉渣与上部颗粒悬浮较好的泥浆存在较明显的电性差异，采用电阻率法进行测试，均匀泥浆电阻率为一条直线，在沉渣界面上电场会产生畸变，电阻率也会发生改变，利用曲线的拐点可确定沉渣的厚度。测试时，将探头在距离孔底一定高度使其下落，在重力的作用下，插入孔底原状土层中，然后绞车慢慢提升电缆，通过自动记录仪获得探头从原状土到孔底沉渣再到孔内泥浆的电阻率变化曲线。沉渣测试仪如图 7-9 所示。

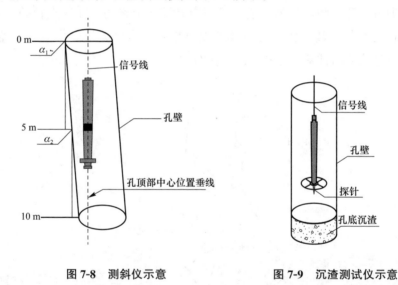

图 7-8　测斜仪示意　　　　　图 7-9　沉渣测试仪示意

(2)超声波法。超声波法是利用超声波反射技术对成孔质量进行综合检测，有别于接触式仪器检测方法，因为在检测过程中，检测探头悬浮于泥浆中，与孔壁不发生接触，属于非接触式的无损检测方法。超声波成孔质量检测仪一般由主机、数控绞车和超声波发射接收探头三大部件组成。探头分为四组，代表四个方向，每组由一个发射探头和一个接收探头组成，超声波探头的下放与提升由绞车自动控制完成，反射信号从接收探头传至地面的记录仪。

其工作原理根据超声波测距原理，通过超声波传感器，向孔壁四周发射超声波脉冲，脉冲到达孔壁后被反射，再回到发射位置，通过测量从发射到收到回波的时间间隔，当孔壁坚实牢固（或缩径）时，超声波传播收发时间间隔短、反射强度大;当孔壁疏松、塌孔(或扩径)时,超声波传播收发时间间隔长、反射强度小甚至接收不到反射信号。因此,探头从孔口到孔底通过记录反射时间和反射强度,可计算出钻孔在不同深度处的孔径值及反映孔壁状况(反射信号到达时间反映孔径的大小,信号强度反映孔壁的特性),通过孔壁曲线图计算出孔深、垂直度等参数。

(3)两种方法的对比。超声波法和接触式仪器检测法由于测试原理和方法的不同,在实际应用中依然具有一定的局限性。超声波检测对泥浆介质要求较高,泥浆的重度、黏度及含砂量等指标直接影响超声波的传播性能。如泥浆过稠,将使探头完全封闭,检测不到信号。测试时,当探头升降速度过快,或灵敏度及发射功率较低时,将会出现记录信号模糊断续及空白。所以,采用增大灵敏度及发射功率、降低探头升降速度、检查不同深度泥浆的性能指标等手段,可以保证检测精度。超声波法可直观反映测试剖面下整个测试段两边孔壁的实际变化情况。而接触式机械组合法中的伞形孔径仪测定桩孔直径时,是采取探头4个测臂各自检测结果的平均值,不能直观反映两边孔壁的变化情况。对于非轴对称孔径变化桩孔的检测存在一定误差。超声波法适用于检测泥浆护壁钻孔灌注桩的垂直度、孔径及孔深,对于沉渣厚度测试,可以利用设计孔深与实测孔深之差,简单估算孔底沉渣,但精度相对较低,一般该方法不适用于孔底沉渣厚度测试。

2. 桩基成桩检测技术

由于桩基础施工复杂、技术要求高、干扰因素多,容易出现桩身断裂、离析、缩径、蜂窝孔洞等质量问题,影响桩身的完整性和单桩的承载能力。因此,对钻孔灌注桩成桩质量的检测评估非常重要。

(1)无损检测技术。与传统桥梁桩基检测技术比较,无损检测技术在检测桥梁桩基质量的过程中,不破坏桥梁桩基的完整性的前提下,能快速、准确地检测出桩身承载力和内部缺陷等数据。无损检测技术包括以下四个方面:

1)高应变检测法。高应变检测法主要作用是判定桩竖向抗压承载力并合理检测桩基的完整性。其基本原理就是往桩顶沿轴向施加一个冲击力(如重锤),使得土地和桩基之间形成一定程度的位移,实测出产生的桩身质点应力和加速度的响应,通过波动理论分析,判定单桩竖向抗压承载力及桩身完整性的检测方法。

2)低应变检测法。低应变检测法主要包括水电效应法、反射波法、动力参数法、共振法等。低应变动力检测常用在桩基完整性检测中,通过在桩顶施加激振信号产生与桩身方向相同的纵向振动应力波,该应力波沿桩身传播过程中,遇到不连续界面(如蜂窝、夹泥、断裂、孔洞等缺陷)和桩底面时,将产生反射波传至桩顶,检测分析反射波的传播时间、幅值和波形特征,就能判断桩的完整性。

3)超声波检测法。超声波检测可以判定桩身混凝土是否存在缺陷,还能根据检测参数较准确地分析缺陷的类型及所处位置,以便通过采取技术措施保证桩基质量。若桩身混凝土存在孔洞、蜂窝、麻面等缺陷,超声波在桩身混凝土中传播时连续性会发生中断,缺陷区与混凝土之间形成空气-混凝土结合面,超声波的传播方式会产生变化,出现反射、散射与绕射等现象。超声波经过缺陷区接收波声学参数包括声时(波速)、接收波振幅和接收波主频率及其波形的变化。可更加清晰、直观地对桩体内的情况进行反映,进而准确判断桩体缺陷范围大小、具体位置等。

4)光纤传感技术的桩基检测法。通过在桩体内植入感测光缆,对桩身应力应变进行分布式测量,从而实现桩基承载力的检测。分别是光纤温度传感技术、光纤应变传感技术、分布式光纤传感技术三种新型检测技术。

以光纤光栅传感器为主的光纤应变传感技术,其工作原理为:将光纤光栅传感器预先埋入结构的内部或贴在结构的表面,监测结构内部损伤过程中的应力应变分布,再根据荷载-应变关系变化的曲线,确定结构损伤的情况。使用最为广泛的分布是布里渊光时域反射技术,其工作原理为:通过在桩身埋设传感光纤,使得传感光纤与桩身一致变形,当光纤沿轴向发生应变时,光纤中的布里渊散射光的频率会发生漂移,产生的频移量与应变呈现出一定的线性关系,所以,通过监测光纤中的布里渊散射光的频移量就可以得到光纤的应变值,进而计算出桩身的变形值。

(2)水下成像检测技术。水下混凝土灌注桩基施工属于隐蔽性工程,即使现有许多桩基质量检测方法能够反映出桩身的内部缺陷等问题,但是无法直观地了解桩基表面情况,例如,桩身混凝土外观出现裂缝、边缘局部脱落蜂窝麻面等,并且水下桩基长期置于水平面之下,所受腐蚀较大,需要对桩基进行养护,因此,利用水下成像检测技术能够准确地判断水下桩基的病害和缺陷,进而采取相应的措施以保证桩基的完整性和耐久性。一些人工水下成像检测法,如水下摄影法、水下探摸法和磁膜探伤法等,需要潜水员携带测量设备进入水里进行检测和采集图像,这类方法具有影像模糊不清晰、能见度低、取景不准确或画面不稳等缺陷,无法满足测量精度的要求。为了解决人工检测的缺点,采用基于水下机器人技术来进行桩基的检测,以满足更高的测量需求,具体方法如下:

1)水下激光三维成像技术。通过三维激光扫描仪安放在待测桥梁桩基附近的不同的测站进行三维扫描,并将不同测站的数据拼接,进行三维建模以实现对桩基的检测。

2)水下声成像系统。水下声成像系统可以在浑浊的水体中拍出水下桩基的高清晰度的三维图像,有相对较高的分辨率。其工作原理是利用高频声波受水体悬浮颗粒散射较弱的现象,使声波发射器所发射的长波能够很容易穿过水体,到达受检桩表面,在受检桩表面形成反射波后被仪器接收,通过计算声时,即可清晰地形成受检桩表面的病害类型、病害尺寸及病害位置。其中,发展较快的为三维声呐成像技术,其工作原理为三维成像声呐系统向目标区域连续发射声信号,每次发射信号后根据目标所在中心位置的估计,设定延迟采样起始时间,然后按设定的采样率,对目标进行连续采集,利用声成像方法对接收到的回波信号进行处理,获取系列二维切片图像数据,再将二维系列切片图像通过计算机技术合成三维图像。

3. 成孔检测与桩基质量的关联性

钻孔灌注桩成孔过程中产生的扩径、缩径将直接影响到成桩后的桩形,对桩的成桩质量和承载力也会相应地产生影响。钻孔灌注桩成桩过程中若孔壁土质比较疏松,如粉砂土等粗颗粒土层及松散底层中成孔时常易发生塌孔事故,特殊的地质条件诸如溶洞、地下水流等在钻孔时常易发生漏浆、塌孔、卡锤甚至埋锤等事故;另外,护壁不足,如泥浆质量差易沉淀、相对密度小也易造成塌孔事故,而若在混凝土灌注的过程中发生塌孔则易引发更严重的质量事故,如断桩、夹泥、孔径突变、沉渣过厚等。钻孔过程中遇孤石等地下障碍物使得钻杆偏斜,尤其是在岩溶地带,在钻孔桩径范围内因为基岩半边露头容易导致斜桩和卡锤。这将造成桩孔垂直度达不到设计要求,而桩倾斜程度不同,对基桩承载力则有不同程度的影响;另外,孔底的沉渣过厚对端承桩、摩擦端承桩有着致命影响,沉渣过厚也会导致桩头或者桩浅部混凝土疏松。可见成孔阶段与桩基质量之间的密切关系,利用成孔检测数据可为成桩质量检测提供辅助手段。桩孔检测数据与桩基质量关联性分为以下两个方面:

(1)与桩基检测波形的相互验证。低应变反射波法基于一维弹性杆原理,在应力波传播过程中,对诸如形状截面造成的波阻抗变化非常敏感,因此,能够较好地反映由于成孔原因引起的桩身明显的扩径、缩径等问题,低应变反射波波形与桩身形状存在较好的对应关系。

(2)为成桩检测分析提供数据支持。成桩检测发现问题后,更多的是通过经验来判断缺陷的类别，缺陷如何形成等，从而确认是哪个环节出现了纰漏，造成成桩检测只对施工结果进行检测，故而缺少有效的手段来获取更多的数据来对这类问题进行综合分析。成孔检测是对施工过程的一种监控手段，除保证成孔质量外，对其所获得的数据与基桩检测数据进行对比分析还能够为成桩检测结果提供数据支持，获得合理的解释，进而采取针对性的解决方案。

参 考 文 献

[1] 吴甜宇,邱文亮,胡哈斯.海冰与波流联合作用下深水基础桥梁动力反应分析[J].武汉理工大学学报:交通科学与工程版,2018,42(6):930-936.

[2] 许鑫,王同民.宜昌香溪河大桥4号桥塔墩钢围堰封底技术[J].桥梁建设,2018(2):105-110.

[3] 于志兵,刘亮.三峡库区桥梁深水基础施工技术[J].中外公路,2017(2):135-137.

[4] 秦清波,王哲,刘合耀.三峡库区某大桥深水基础施工方案研究[J].交通科技.2014(6):23-26.

[5] 李芳军.长江上游地区桥梁钢围堰施工方案选择[J].公路交通技术,2014(2):68-71.

[6] 陈宁贤,吕贤良.大型钢吊箱围堰的带荷载提升和下放施工技术[J].铁道建筑,2007(1):4-6.

[7] 李军堂,秦顺全.天兴洲长江大桥主墩双壁钢围堰基础施工的技术创新[J].世界桥梁,2006(2):17-19.

[8] 深水基础关键技术研究[Z].国家科技成果.

[9] 李迎九,孙健家,汪水清,等.无覆盖层斜岩面大直径双壁钢套箱深水基础施工技术研究[Z].国家科技成果.

[10] 基于光纤光栅传感器的桥梁基础施工监测[Z].国家科技成果.

[11] 许超英,张上伟,崔耀华,等.深水复杂特大桥基础施工技术研究[Z].国家科技成果.

[12] 唐贞峰,夏志华,蔡玉田,等.青岛海湾大桥浅海桥梁基础施工技术研究[Z].国家科技成果.

[13] 杨俭存,欧阳效勇,任回兴,等.苏通大桥主桥基础施工成套技术研究[Z].国家科技成果.

[14] 艾闯,李青宁,段军朝.双壁钢围堰在水下基础施工中的应用[J].西部交通科技,2011(1):39-42,79.

[15] 杜引光. 桥梁深水基础施工工艺[J]. 施工技术, 2008(7): 33, 42.

[16] 文静. 钢围堰封底混凝土计算和施工研究[J]. 广东科技, 2008(12): 199.

[17] 李学民, 赵飞, 张万虎. 深水基础双壁钢围堰施工技术[J]. 铁路技术创新, 2004(2): 14-17.

[18] 罗瑞华. 芜湖长江大桥主塔墩大直径双壁钢围堰深水基础施工[J]. 公路, 2003(4): 44-46.

[19] 湖北省京珠高速公路建设指挥部. 湖北省军山长江公路大桥技术总结[M]. 北京: 人民交通出版社, 2004.

[20] 陈明宪. 斜拉桥建造技术[M]. 北京: 人民交通出版社, 2003.

[21] 周水兴, 何兆益, 邹毅松, 等. 路桥施工计算手册[M]. 北京: 人民交通出版社, 2001.